# Macros
# para Excel
# na prática

Preencha a **ficha de cadastro** no final deste livro
e receba gratuitamente informações
sobre os lançamentos e as promoções da Elsevier.

Consulte também nosso catálogo completo,
últimos lançamentos e serviços exclusivos no site
**www.elsevier.com.br**

**Marcelo de Andrade Dreux**
**Fernando Uilherme Barbosa de Azevedo**

# Macros para Excel na prática

6ª Tiragem

© 2009, Elsevier Editora Ltda.

Todos os direitos reservados e protegidos pela Lei nº 9.610, de 19/02/1998.

Nenhuma parte deste livro, sem autorização prévia por escrito da editora, poderá ser reproduzida ou transmitida sejam quais forem os meios empregados: eletrônicos, mecânicos, fotográficos, gravação ou quaisquer outros.

*Copidesque:*
*Revisão Gráfica:* Caravelas Produções Editoriais
*Editoração Eletrônica:* SBNigri Artes e Textos Ltda.
*Projeto Gráfico:* SBNIGRI Artes e Textos Ltda.

Elsevier Editora Ltda.
Conhecimento sem Fronteiras

Rua Sete de Setembro, 111 – 16º andar
20050-006 – Centro – Rio de Janeiro – RJ – Brasil

Rua Quintana, 753 – 8º andar
04569-011 – Brooklin – São Paulo – SP

Serviço de Atendimento ao Cliente
0800-0265340
sac@elsevier.com.br

ISBN 978-85-352-3356-8

**Nota:** Muito zelo e técnica foram empregados na edição desta obra. No entanto, podem ocorrer erros de digitação, impressão ou dúvida conceitual. Em qualquer das hipóteses, solicitamos a comunicação ao nosso Serviço de Atendimento ao Cliente, para que possamos esclarecer ou encaminhar a questão.

Nem a editora nem o autor assumem qualquer responsabilidade por eventuais danos ou perdas a pessoas ou bens, originados do uso desta publicação.

CIP-Brasil. Catalogação-na-fonte.
Sindicato Nacional dos Editores de Livros, RJ

D834m    Dreux, Marcelo
            Macros para Excel na prática / Marcelo Dreux, Fernando
        Uilherme Barbosa de Azevedo. – Rio de Janeiro: Elsevier, 2009.
            il. – 6ª reimpressão

            Inclui bibliografia
            ISBN 978-85-352-3356-8

            1. Macroinstruções (Computadores). 2. Excel (Programa de
        computador). 3. Visual Basic for Application (Linguagem de programação
        de computador). 4. Negócios – Programas de computador. I. Azevedo,
        Fernando Uilherme Barbosa de. II. Título.

09-2565.                                                        CDD: 005.3
                                                                CDU: 004.42

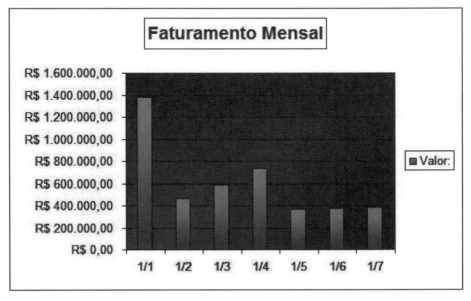

Figura 1 – Sistema de Controle de Vendas proposto.

# Agradecimento

Gostaria de agradecer a paciência de Danuza Dreux durante os vários meses da redação do livro.

*Marcelo Dreux*

Gostaria de agradecer a colaboração de meus amigos e professores da PUC-Rio, em especial do Marcelo Dreux, e de todos os alunos que fizeram o curso conosco.

*Fernando Uilherme Barbosa de Azevedo*

# Dedicatória

**Marcelo Dreux:**

À minha família, em especial minha esposa, Danuza, e meus filhos, Bruno e Eduarda.

**Fernando Uilherme Barbosa de Azevedo:**

Gostaria de dedicar este livro aos meus pais, minha irmã e minha tia Dilma Aguiar.

# Os Autores

Marcelo Dreux, engenheiro civil formado pela UFRJ em 1982, analista de sistemas formado pela PUC-Rio em 1984, licenciatura em matemática pela PUC-Rio, 2006, Msc em computação gráfica no Imperial College of Science and Technology, Londres, em 1985, e PhD em computação gráfica na Brunel University, Londres, em 1989. É professor do Departamento de Engenharia Mecânica da PUC-Rio, ministrando disciplinas nos cursos de graduação, pós-graduação e extensão. Participa de projetos de pesquisa com a indústria, em especial com a Petrobras. É também coordenador dos cursos Excel Básico, Excel Avançado, VBA para Excel e Access, entre outros, na PUC-Rio.

Fernando Uilherme Barbosa de Azevedo é engenheiro de produção, elétrica e eletrônica formado pela PUC-Rio em 2006. Trabalha desde 2002 em diversas empresas usando Macros para controlar suas operações e gerar relatórios. Atualmente trabalha no ramo de Óleo & Gás, é sócio da Raggio, empresa especializada em desenvolvimento de software de controle financeiro e logística e ministra curso de VBA para Excel na PUC-Rio.

# Aprenda Macros em Excel na Prática

Ao longo deste livro, o leitor aprenderá os principais tópicos de VBA para Excel enquanto desenvolve exemplos práticos altamente detalhados. O objetivo principal é desenvolver um Sistema de Controle de Vendas de uma concessionária de automóveis. A cada capítulo aplicam-se os conceitos estudados no detalhamento do sistema proposto.

O sistema será capaz de registrar as vendas, calcular preços, verificar estoque dos produtos e ainda fazer um relatório mensal do faturamento. A Figura 2 é a interface principal do sistema proposto.

Figura 2 – Interface principal do sistema proposto.

# Prefácio

O objetivo deste livro é ensinar como desenvolver Macros para Excel de maneira prática. Ao longo do livro, são apresentados os principais conceitos da linguagem VBA enquanto é desenvolvido um Sistema de Controle de Vendas de uma concessionária de automóveis fictícia.

Este trabalho tem como base o material didático produzido nos últimos anos para o curso "VBA para Excel", ministrado pelos autores na Coordenação Central de Extensão, CCE, da PUC-Rio. O aprendizado de Macros é considerado difícil e muitas vezes exaustivo, principalmente para pessoas que ainda não dominam conceitos de programação. Por isso foi criado um curso voltado para a prática. A cada novo tópico, os alunos podem praticar os ensinamentos através dos exemplos apresentados.

Ao contrário da maioria dos livros sobre Macros para Excel, a principal preocupação deste é ensinar como automatizar seus relatórios. Não serão discutidos à exaustão todos os comandos e funções. Serão apresentados, isto sim, somente aqueles necessários à criação do sistema proposto, porém dando condições ao leitor de explorar as demais possibilidades de trabalhar com Macros.

O livro se baseia na criação de um sistema de controle de vendas de uma loja imaginária de automóveis. Este sistema pode armazenar todas as vendas da loja, verificar estoques na loja sede e filiais e processar relatórios de faturas mensais. Para cada venda é gerada uma entrada em um banco de dados de vendas, armazenada em uma planilha do Excel. Ao confirmar a venda, é verificada a disponibilidade de estoque e o usuário pode imprimir um resumo da compra efetuada. A qualquer momento, pode-se acessar o relatório de vendas e verificar o faturamento atualizado da loja.

Todos os exemplos apresentados ao longo do livro, bem como o Sistema de Controle de Vendas proposto, estão disponíveis na página do livro, no site www.elsevier.com.br.

É importante salientar que programação se aprende com experiência. O usuário não deve se sentir na obrigação de memorizar todo o código gerado. Reproduza os exemplos para melhor compreendê-los. Ao criar seus próprios programas, use o livro para ajudá-lo. Com o tempo e com a prática, o conhecimento necessário começa a aparecer.

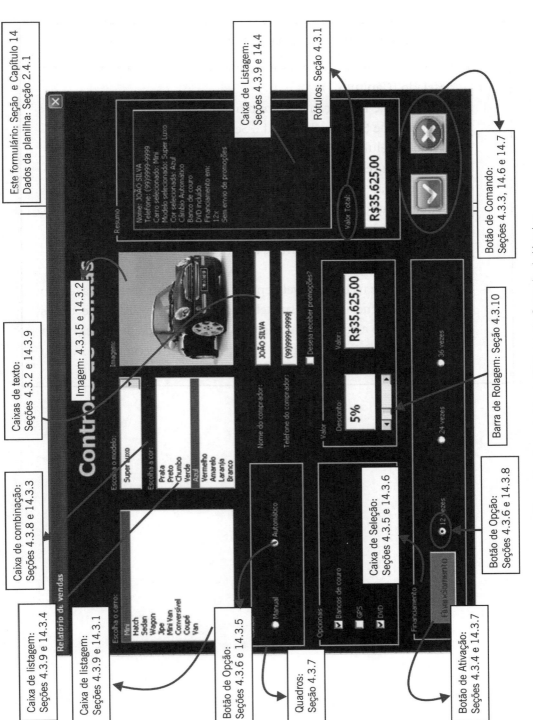

Figura 3 – Guia rápido do Sistema de Controle de Vendas.

Conhecimentos fundamentais para programação de macros em VBA:

1) Gravação de macros – use este recurso para ajudá-lo a criar o código desejado (Capítulo 2)
2) Estruturas de Repetição (Capítulo 6)
3) Estruturas de Seleção (If-End If e Select Case) (Capítulo 7)
4) Acesso às células (Seção 5.1)
5) Uso de variáveis (Seção 5.2)
6) Ctrl + direção e Ctrl + Shift + direção – estas combinações de teclas permitem que o Excel percorra e selecione dados de tamanhos variados (Capítulo 11)
7) Localizar (Cells.Find) – permite achar células com determinado conteúdo (Seção 11.3)
8) Depuração – é recomendável depurar o código. Esta tarefa leva tempo e requer paciência. Divida sua tela entre o Excel e o VBA e execute as macros, passo a passo, com o uso da tecla F8. A cada linha de código executada, é possível verificar a ação no Excel e entender o que o código está realizando. (Capítulo 19)

# Sumário

Capítulo 1 – Introdução ao VBA ........................................................................ 1

Capítulo 2 – O Ambiente VBE ........................................................................... 3
    2.1.    Acessando o VBE do Excel .................................................. 3
        2.1.1.    Janela de Projeto ....................................................... 4
        2.1.2.    Janela de Propriedades ............................................ 5
    2.2.    Gravação de Macros ............................................................ 6
    2.3.    Níveis de Segurança ........................................................... 10
    2.4.    O Sistema a ser Desenvolvido ............................................ 11
        2.4.1.    Planilhas Existentes no Sistema de Controle de Vendas ................................................................ 12
        2.4.2.    Fluxo de Trabalho do Sistema de Controle de Vendas ..................................................................... 14

Capítulo 3 – Introdução a Macros ..................................................................... 17
    3.1.    Introdução a Macros com Instruções Matemáticas ........... 25
    3.2.    Introdução a Macros com Passagem de Parâmetros ........ 26
    3.3.    Iniciando o Sistema de Controle de Vendas com Macros Gravadas ................................................................. 27
    3.4.    Tipos de Erro ....................................................................... 29
        3.4.1.    Erros de compilação ................................................. 29
        3.4.2.    Erros de Execução .................................................... 29

Capítulo 4 – Criação de Interfaces .................................................................... 31
    4.1.    Janela de Mensagem (MsgBox) ......................................... 31
        4.1.1.    O parâmetro botões ................................................. 32

    4.1.2. Exemplo de MsgBox no Sistema de Controle de Vendas .......................................................... 35
 4.2. Janela de Entrada (InputBox) .......................................... 36
 4.3. Elementos de Controle nos Formulários (UserForm)...... 37
    4.3.1. Rótulo (Label):................................................... 40
    4.3.2. Caixa de Texto (TextBox) .................................. 41
    4.3.3. Botão de Comando (CommandButton)............ 42
    4.3.4. Botão de Ativação (ToggleButton) .................... 42
    4.3.5. Caixa de Seleção (CheckBox)............................ 43
    4.3.6. Botão de Opção (OptionButton) ...................... 44
    4.3.7. Quadro (Frame)................................................. 44
    4.3.8. Caixa de Combinação (ComboBox) ................. 45
    4.3.9. Caixa de Listagem (ListBox).............................. 47
    4.3.10. Barra de Rolagem (ScrollBar) ........................... 50
    4.3.11. Botão de Rotação (SpinButton) ........................ 50
    4.3.12. Multipágina (MultiPage) ................................... 51
    4.3.13. TabStrip (TabStrip) ........................................... 52
    4.3.14. RefEdit (RefEdit)............................................... 53
    4.3.15. Imagem (Image)................................................ 54
    4.3.16. Criação do Formulário Principal do Sistema de Controle de Vendas .................................... 55
 4.4. Elementos de Controle nas Planilhas e no Menu ............ 65
    4.4.1. Formulários ...................................................... 66
    4.4.2. Caixa de Ferramentas ....................................... 66
    4.4.3. Botões Personalizados no Excel........................ 67
    4.4.4. Desenho ............................................................ 69
    4.4.5. Elementos de Controle na Planilha Relatório de Vendas ......................................................... 70

**Capítulo 5 – Acesso a Células e Variáveis**..................................................... 71
 5.1. Células............................................................................... 71
    5.1.1. Cells .................................................................. 71
    5.1.2. Range................................................................. 72
 5.2. Variáveis............................................................................ 72
    5.2.1. Vetores e Matrizes ............................................ 74
    5.2.2. Classificação das Variáveis................................ 74
    5.2.3. Strings ............................................................... 75
    5.2.4. Exemplos com Strings ...................................... 76
    5.2.5. Conversão de Tipos .......................................... 78
    5.2.6. Verificação de Tipos ......................................... 79
    5.2.7. Formatação de Variáveis Numéricas................. 79

|  |  |  |
|---|---|---|
| | 5.2.8. | Data .......................................................... 80 |
| | 5.2.9. | Exemplo com Data .......................................... 80 |

Capítulo 6 – Estruturas de Repetição ................................................ 83
    6.1.    Do Until <condição>... Loop ........................................... 84
    6.2.    Do While <condição>... Loop ......................................... 86
    6.3.    While <condição>... Wend ............................................. 86
    6.4.    Do... Loop Until <condição> .......................................... 87
    6.5.    Do... Loop While <condição> ......................................... 87
    6.6.    For... Next .................................................................. 88
    6.7.    For Each... Next ......................................................... 89

Capítulo 7 – Estruturas de Seleção ................................................... 91
    7.1.    If – Then – Else – End If ............................................... 91
    7.2.    If – Then – ElseIf – Else – End If .................................... 92
    7.3.    Select – Case – Else – End Select .................................... 95
    7.4.    Exemplo com InputBox, Do-Until <condição> e
           If-Then-Else-End If ...................................................... 96

Capítulo 8 – Associação de Código aos Elementos de Controle ............ 99
    8.1.    Caixa de Texto ............................................................ 99
    8.2.    Botão de Comando ..................................................... 100
    8.3.    Botão de Ativação ...................................................... 101
    8.4.    Caixa de Seleção ........................................................ 101
    8.5.    Botão de Opção ......................................................... 102
    8.6.    Quadro ..................................................................... 102
    8.7.    Caixa de Combinação ................................................. 103
    8.8.    Caixa de Listagem ...................................................... 103
    8.9.    Barra de Rolagem ...................................................... 104
    8.10.  Botão de Rotação ...................................................... 104
    8.11.  RefEdit ..................................................................... 105
    8.12.  Exemplo com Botões e Caixa de Texto ......................... 106
    8.13.  Exemplo com uma Caixa de Listagem .......................... 108

Capítulo 9 – Sub-rotinas e Funções ................................................ 113
    9.1.    Sub-rotinas ................................................................ 113
    9.2.    Funções .................................................................... 114
    9.3.    Parâmetros por Valor e por Referência .......................... 115
    9.4.    Parâmetros Opcionais ................................................. 116

Capítulo 10 – Operadores .................................................................... 117
        10.1.   Aritméticos................................................................ 117
        10.2.   Relacionais ............................................................... 117
        10.3.   Lógicos...................................................................... 118
        10.4.   Concatenação de Strings ........................................ 118

Capítulo 11 – Teclas e Funções Úteis................................................. 119
        11.1.   Ctrl + Direção .......................................................... 119
        11.2.   Ctrl + Shift + Direção ............................................. 120
        11.3.   Função Localizar ..................................................... 121
        11.4.   Um Uso de Tecla Especial no Sistema de Controle de Vendas ....................................................................... 122

Capítulo 12 – Objetos, Propriedades e Métodos .............................. 125
        12.1.   Application .............................................................. 126
               12.1.1.   Principais Métodos ............................... 126
               12.1.2.   Principais Propriedades........................ 129
        12.2.   Workbook ................................................................ 132
               12.2.1.   Principais Métodos ............................... 132
               12.2.2.   Principais Propriedades........................ 134
        12.3.   Worksheet................................................................ 134
               12.3.1.   Principais Métodos ............................... 135
               12.3.2.   Principais Propriedades........................ 136

Capítulo 13 – Eventos ......................................................................... 137
        13.1.   Eventos Application ............................................... 138
        13.2.   Eventos Workbook ................................................. 140
        13.3.   Eventos Worksheet ................................................. 140

Capítulo 14 – Implementação Final do Sistema de Controle de Vendas ........ 143
        14.1.   Evento Workbook_Open ...................................... 144
        14.2.   Inicializando o userform Relatório de Vendas ............... 145
               14.2.1.   Preenchimento das Caixas de Listagem .......... 145
               14.2.2.   Preenchimento da Caixa de Combinação ....... 148
        14.3.   Elementos de Controle no Relatório de Controle de Vendas ....................................................................... 149
               14.3.1.   Carro ..................................................... 149
               14.3.2.   Imagem ................................................. 149
               14.3.3.   Modelo .................................................. 151
               14.3.4.   Cor ........................................................ 152
               14.3.5.   Câmbio ................................................. 153
               14.3.6.   Opcionais .............................................. 153

    14.3.7. Financiamento ................................................. 153
    14.3.8. Opções de Financiamento .............................. 154
    14.3.9. Nome ................................................................ 155
    14.3.10. Telefone ............................................................ 155
    14.3.11. Promoções ........................................................ 156
    14.3.12. Descontos ......................................................... 156
  14.4. Macro *atualizaresumo* ...................................................... 157
  14.5. Macro *calculapreco* .......................................................... 159
  14.6. Evento *BtOk_Click* ............................................................ 162
  14.7. Evento *BtCancel_Click* ..................................................... 171
  14.8. Evento *Workbook_BeforeClose* ....................................... 172

**Capítulo 15 – Proteção do Código ............................................................ 173**
  15.1. Proteção de Salvamento do Arquivo ............................. 173
  15.2. Proteção da Workbook ................................................... 174
  15.3. Proteção da Worksheet ................................................... 174
  15.4. Proteção do Código ........................................................ 175

**Capítulo 16 – Gráficos ................................................................................ 177**
  16.1. Inserção de Dados no Gráfico ....................................... 178
  16.2. Geração de Gráficos no Sistema de Controle de
      Vendas .............................................................................. 180

**Capítulo 17 – Impressão ............................................................................. 187**
  17.1. Principais métodos e propriedades usados na
      impressão ......................................................................... 187
  17.2. Impressão do Relatório de Vendas ................................ 189

**Capítulo 18 – Tratamento de Erros ........................................................... 193**
  18.1. A Instrução On Error ..................................................... 193
    18.1.1. On Error Goto 0 ............................................. 193
    18.1.2. On Error Resume Next .................................. 194
    18.1.3. On Error GoTo <Label> ................................ 194
  18.2. A Instrução Resume ....................................................... 195
    18.2.1. Resume ............................................................ 195
    18.2.2. Resume Next ................................................... 196
    18.2.3. Resume <Label> ............................................. 196

**Capítulo 19 – Facilidades de Depuração .................................................. 197**
  19.1. Depuração Total – F8 ..................................................... 198
  19.2. Depuração Parcial – Shift + F8 ..................................... 198

| | | |
|---|---|---|
| 19.3. | Depuração Circular – Ctrl + Shift + F8 | 198 |
| 19.4. | Executar até o Cursor – Ctrl + F8 | 198 |
| 19.5. | Adicionar inspeção de váriáveis – Watch | 198 |
| 19.6. | Ativar / Desativar Pontos de interrupção – F9 | 198 |
| 19.7. | Limpar todos os pontos de interrupção – Ctrl+Shift+F9 | 199 |
| 19.8. | Definir próxima instrução – Ctrl + F9 | 199 |

Capítulo 20 – Posfácio .................................................................. 201

# Capítulo 1

## Introdução ao VBA

Visual Basic, ou VB, é uma linguagem de programação baseada na linguagem BASIC. Trata-se de uma linguagem de programação visual, que utiliza o paradigma de orientação a objetos e é voltada para eventos. O VBA (Visual Basic for Applications) é um subconjunto do VB, desenvolvido para atuar em conjunto com as aplicações do Microsoft Office. Este livro aborda o VBA aplicado ao ambiente do Microsoft Excel.

O VBA é fortemente calcado no desenvolvimento de macros. Mas o que é uma macro? Macro é um conjunto de instruções formulado para eliminar trabalhos repetitivos.

Neste livro, o objetivo é aprender a criar macros para o Excel de maneira prática e objetiva, desenvolvendo o exemplo proposto passo a passo. Há disponível um ambiente de programação denominado VBE (Visual Basic Editor) que muito facilita a tarefa de desenvolvimento das macros. Neste ambiente, há um conjunto amplo de comandos que auxiliam na tarefa de correção das macros em processo de criação.

Algumas dificuldades podem surgir para os leigos em programação. Pretende-se abordar o assunto de maneira bem prática, começando com exemplos simples, mas é inevitável que sejam apresentados conceitos de programação ao longo do livro.

# Capítulo 1

## Introdução ao VBA

# Capítulo 2

# O Ambiente VBE

Conforme mencionado, VBE é o acrônimo de Visual Basic Editor, ou Editor do Visual Basic. Todos os programas do pacote Microsoft Office (Word, Excel, Power Point e Access) possuem um VBE associado. Há comandos análogos nos diversos VBEs, porém há vários comandos específicos para cada aplicativo do Office. Neste livro, será abordado apenas o VBE do Excel. É nesse ambiente que são implementadas as macros utilizando o VBA. Não é intenção deste trabalho abordar toda a linguagem VBA. Serão apresentadas as principais instruções, funções e interfaces necessárias para criar a aplicação proposta, de controle de vendas de automóveis. A linguagem VBA se baseia nos paradigmas de orientação a objetos e eventos, e sua coleção de classes, métodos e propriedades é extensa.

## 2.1. Acessando o VBE do Excel

Para acessar o VBE, há duas maneiras distintas:
1) Pelo menu: Ferramentas/Macro/Editor do Visual Basic
2) Pelo atalho: Alt + F11

O ambiente VBE é mostrado na Figura 4.

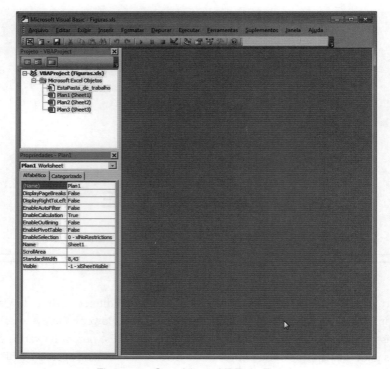

Figura 4 – O ambiente VBE do Excel.

Note que o Excel continua aberto quando se abre o VBE. O Excel e o VBE são aplicativos que trabalham juntos. Os códigos implementados no VBE realizarão ações em planilhas Excel.

No lado esquerdo do ambiente VBE devem aparecer duas janelas: Projeto e Propriedades. Caso não seja possível ver alguma delas ou as duas, observe os seguintes itens na Barra de Ferramentas: . O primeiro ícone faz aparecer e desaparecer a janela de Projeto; o segundo, a janela de Propriedades. É possível redimensionar e mudar a posição dessas janelas, assim como fechá-las para não ocupar espaço na tela.

### 2.1.1. Janela de Projeto

Em um arquivo novo, a janela de Projeto tem o seguinte aspecto:

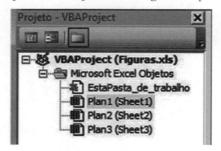

Figura 5 – Janela de Projeto do ambiente VBE.

Para cada arquivo aberto do Excel há um VBAProject associado. Inicialmente, há os seguintes objetos: EstaPasta_de_trabalho, onde estão as macros relacionadas ao arquivo do Excel em questão, e Plan1, Plan2 e Plan3, onde estão as macros relacionadas a cada aba. Ao clicar em um dos itens, uma tela branca se abre no lado direito. É nela que ficarão gravadas as macros – os códigos a serem executados.

### 2.1.2. Janela de Propriedades

Para um arquivo novo, a janela Propriedades tem o seguinte aspecto:

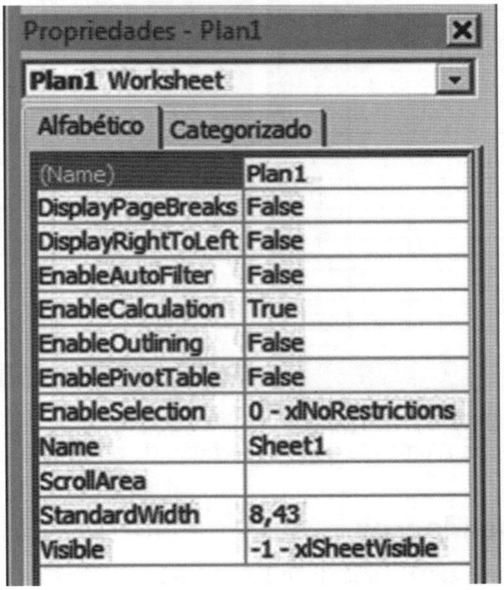

Figura 6 – Janela de Propriedades.

São as propriedades de cada objeto do Projeto. A Figura 6 apresenta as propriedades do objeto Plan1. Podemos ordená-las por Categoria, clicando em "Categorizado"; ou em ordem alfabética, clicando em "Alfabético". Seu conteúdo será mais bem explicado posteriormente.

Tanto o Excel quanto o VBE podem ser instalados em diversos idiomas; entretanto, as instruções do VBA são sempre na língua inglesa.

É conveniente trabalhar com as janelas do Excel e do VBE abertas ao mesmo tempo. Sugere-se dividir as telas colocando as janelas lado a lado na vertical, como mostra a Figura 7.

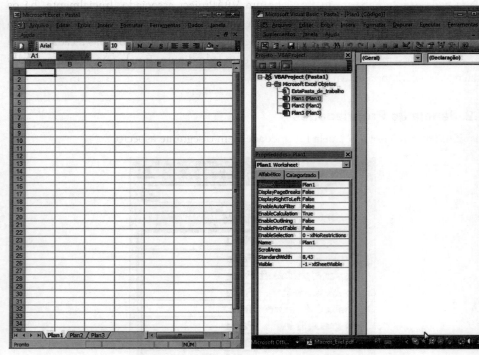

Figura 7 – Janelas do Excel e do VBE lado a lado para uma melhor visualização do aplicativo.

## 2.2. Gravação de Macros

Trata-se de um recurso extremamente útil e poderoso do Excel. Evita que o usuário tenha de memorizar sintaxes de instruções, que, em sua maioria, são complexas. No desenvolvimento de novas macros, muitas vezes é conveniente gravar algumas instruções e combiná-las com estruturas de seleção (Capítulo 7) e repetição (Capítulo 6), para alcançar seu objetivo final. Em situações mais simples, é possível gerar integralmente a macro através de gravação.

Para gravar uma macro, acesse o menu do Excel em Ferramentas/Macro. É acionado então o menu de macros, conforme a Figura 8.

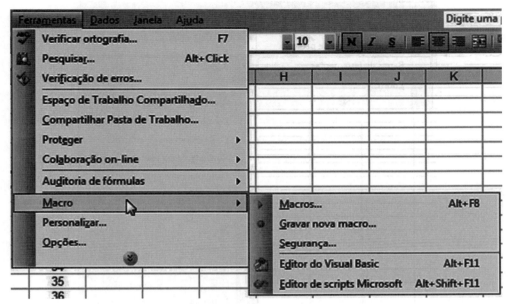

Figura 8 – Menu de macros.

Neste menu, há as seguintes opções:
- Macros: lista todas as macros criadas, possibilitando sua edição.
- Gravar nova macro: permite gravar uma macro. O VBE grava uma série de instruções realizadas no Excel, permitindo que elas sejam executadas outras vezes acionando-se a macro gravada.
- Editor do Visual Basic: uma das maneiras de abrir o Editor do Visual Basic, conforme explicado anteriormente.
- Editor de Scripts Microsoft: permite ver e editar páginas HTML e arquivos ASP. Este tópico não será abordado no livro.

Para deixar o Menu do Visual Basic visível na barra de ferramentas, clique com o botão direito em algum lugar vazio de sua barra de Ferramentas e marque a opção Visual Basic.

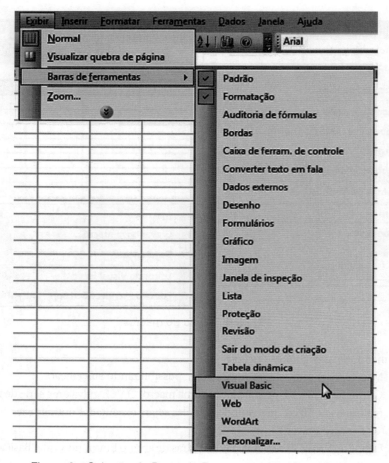

Figura 9 – Seleção da Barra de Ferramentas do Visual Basic.

A seguinte barra aparecerá:

Figura 10 – Barra de Ferramentas do Visual Basic.

Esta barra contém as mesmas funções que aparecem no menu de Ferramentas/Macro.

No VBE, clique em "Pesquisador de Objeto" . No Pesquisador de Objetos, podem ser analisados todos os objetos (Classes) que existem no VBA. Cada objeto terá Métodos (ações) e Propriedades (Qualidades) , conforme a Figura 11. Observe que são muitos objetos. Não é viável memorizar todos eles. O usual é usar a gravação de macro para executar as tarefas que deseja realizar, copiar o trecho de código gravado para dentro de sua macro e fazer as alterações necessárias para adaptar o código ao seu programa.

Figura 11 – Pesquisador de Objetos do VBA.

Retorne ao VBE fechando a janela do Pesquisador de Objetos:

Figura 12 – Fechando a janela do Pesquisador de Objetos.

## 2.3. Níveis de Segurança

Macros podem ser maléficas para seu computador. É possível criar macros para apagar arquivos, formatar seu HD e até enviar informações importantes para outros usuários através da Internet. Atualmente, o sistema operacional Windows possui algumas funções que garantem certa segurança ao seu computador em relação a macros potencialmente maléficas. Além disso, é possível configurar o Excel para nunca abrir macros ou, alternativamente, perguntar ao usuário se realmente gostaria que as macros fossem executadas.

Em Ferramentas/Macro/Segurança é possível configurar o nível de segurança do Excel, através da janela da Figura 13.

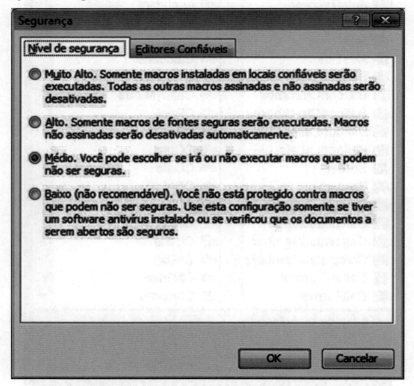

Figura 13 – Menu de seleção do Nível de Segurança.

No nível Baixo, todas as macros serão executadas. No nível Médio, o Excel pergunta ao usuário, toda vez que ele abrir um arquivo que contenha macros, se quer ativá-las. Os níveis de segurança Alto e Muito Alto exigem a geração de certificados digitais de autenticidade, e não serão abordados neste livro. No desenvolvimento das macros deste livro, sugere-se colocar o nível de segurança Baixo, uma vez que tem-se certeza que são macros seguras.

Toda vez que o nível desegurança é alterado há necessidade de sair do Excel para efetivar esta alteração.

## 2.4. O Sistema a ser Desenvolvido

Será criado neste livro um sistema que controla todas as vendas de uma loja de automóveis. O sistema deve permitir a escolha da marca do carro que se quer comprar. Pode-se escolher também o modelo, a cor, o tipo de câmbio e opcionais como bancos de couro, GPS ou DVD. Selecionado o automóvel, a imagem correspondente é apresentada. Deve haver campos para dados pessoais do comprador, o qual poderá optar ou não por receber informações sobre promoções da loja. O valor da compra é atualizado de acordo com as opções feitas pelo cliente. Caso o vendedor negocie um desconto, este será prontamente calculado. Caso o comprador parcele a compra, ele terá a opção de escolher seu plano de pagamento: 12, 24 ou 36 vezes. Há um resumo da compra que poderá ser impresso ao término do processo. O sistema acessa o arquivo de estoque da empresa para saber se o carro escolhido está disponível para pronta entrega. A tela do sistema de controle de vendas é apresentada na Figura 14.

Figura 14 – Tela do sistema de controle de vendas.

Os gerentes da loja poderão acessar o banco de dados de vendas e descobrir qual o faturamento da empresa nos últimos meses através de gráficos como o da Figura 15.

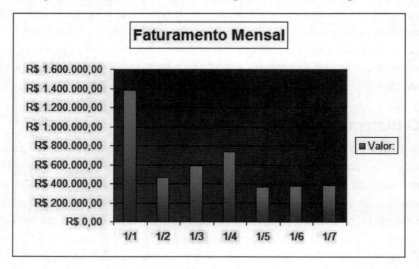

Figura 15 – Gráfico com o faturamento mensal da loja.

Para o desenvolvimento do sistema, sugere-se a criação de uma pasta na área de trabalho do Windows chamada "Relatório de Vendas de Loja de Automóveis". Nesta pasta, crie um novo arquivo Excel chamado "Relatório de Vendas matriz.xls". Este arquivo também pode ser baixado do site www.elsevier.com.br.

## 2.4.1. Planilhas Existentes no Sistema de Controle de Vendas

No sistema proposto há cinco planilhas: Principal, Userform, Relatório de Vendas, Gráficos e Resumo, que devem ser criadas conforme a Figura 16.

Figura 16 – Cinco planilhas criadas no arquivo Relatório de Vendas matriz.xls.

1ª planilha: Principal
Esta planilha conterá botões que chamarão métodos para Cadastro de Vendas e Relatório de Faturamento mensal. Seu conteúdo é tratado na Seção 5.3.5.

2ª planilha: Userform
Contém as informações que vão alimentar a interface, conforme a Figura 17.

| | A | B | C | D | E | F | G |
|---|---|---|---|---|---|---|---|
| 1 | Carros | Preço básico | Modelo | Preço modelo | Cores | Itens | Preço Itens |
| 2 | Mini | 30,000.00 | Luxo | - | Prata | Banco de couro | 1,500.00 |
| 3 | Hatch | 40,000.00 | SuperLuxo | 1,000.00 | Preto | GPS | 1,000.00 |
| 4 | Sedan | 55,000.00 | HiperLuxo | 2,000.00 | Chumbo | DVD | 2,000.00 |
| 5 | Wagon | 60,000.00 | UltraLuxo | 3,000.00 | Verde | Manual | - |
| 6 | Jipe | 90,000.00 | | | Azul | Automático | 3,000.00 |
| 7 | MiniVan | 70,000.00 | | | Vermelho | | |
| 8 | Conversível | 100,000.00 | | | Amarelo | | |

Figura 17 – Planilha "Userform" com seus dados preenchidos.

3ª planilha: Relatório de Vendas

Nesta planilha serão armazenados os dados das vendas. Crie o cabeçalho da planilha conforme a Figura 18.

Figura 18 – Cabeçalho da planilha "Relatório de Vendas".

4ª planilha: Gráficos

Nesta planilha serão gerados os gráficos para os gerentes visualizarem as informações sobre as vendas.

5ª planilha: Resumo

Esta planilha conterá informações sobre a última compra efetuada, e o vendedor poderá imprimi-la. Preencha a planilha com as seguintes informações:

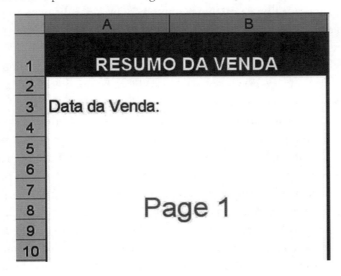

Figura 19 – Planilha "Resumo".

Para definir a área de impressão como na Figura 19, clique em Exibir/Visualizar quebra de página, selecione o canto superior esquerdo da área desejada e arraste-a até a célula B16.

### 2.4.2. Fluxo de Trabalho do Sistema de Controle de Vendas

O Sistema de Controle de Vendas está implementado no arquivo "Relatório de Vendas matriz.xls". Esse arquivo, quando aberto, mostra, automaticamente, a janela da Figura 14. Neste formulário, o vendedor de automóveis poderá cadastrar a venda, calcular descontos, imprimir um resumo da venda e ainda verificar se o carro escolhido pelo comprador está disponível no estoque da loja.

No momento da compra, o primeiro passo é escolher o tipo do carro, que contém o rótulo "Escolha o carro:". O usuário poderá escolher entre diversos tipos de carro, como sedan, van, esportivo conversível, jipe etc. Ao escolher um carro, a imagem correspondente aparece na tela, na região abaixo do rótulo "Imagem". O preço básico também é apresentado, na região com rótulo "Valor:". As imagens dos carros devem ficar armazendas em uma pasta de nome "Imagens", localizada no diretório onde estiver o arquivo do programa.

O próximo passo é escolher o modelo do carro. Os modelos disponíveis são "Luxo", "Superluxo", "Hiperluxo" e "Ultraluxo". Para cada modelo, há um adicional de valor que será somado ao valor do carro. Esses valores se encontram na planilha "Userform". Caso uma compra tente ser cadastrada sem a escolha de um modelo, o sistema solicita ao usuário que forneça um modelo.

É necessário, também, escolher a cor do veículo dentre as diversas opções existentes. Não é cobrado um valor adicional pela escolha das cores.

Outro dado importante na compra do automóvel é o tipo de câmbio, que pode ser manual ou automático. Para cada tipo de câmbio há um preço que será adicionado ao valor total, de acordo com a planilha "Userform". Caso o vendedor se esqueça de selecionar o tipo de câmbio, o sistema não registra a compra e solicita que ele seja informado.

O cliente pode escolher, ainda, se deseja incluir bancos de couro, aparelho de GPS e aparelho de DVD. Para cada um desses opcionais escolhido, há um preço a ser acrescentado no valor atual, conforme a planilha "Userform".

Neste momento, o comprador já sabe de quanto será seu investimento e poderá decidir se quer parcelar a compra do carro. Ao pressionar o botão de "Financiamento", é possível escolher o parcelamento em 12, 24 ou 36 vezes. A escolha não influencia o preço final, o que entendemos não corresponder, usualmente, à realidade.

O sistema solicita nome e telefone do comprador. O sistema automaticamente transforma para maiúsculas as letras do nome do comprador, com o intuito de padronizar o campo. No campo de telefone, deve-se entrar um número de telefone incluindo código de área, no total de 10 dígitos. Caso seja digitado um número maior ou menor de dígitos, é emitida uma mensagem de erro. O sistema também só permite a entrada de algarismos no campo de telefone, inibindo a entrada de qualquer outro caractere.

O vendedor ainda pode cadastrar se o comprador deseja receber promoções da loja. Ao marcar a opção "Deseja receber promoções?", o comprador será marcado no banco de dados da loja, que poderá usar seus contatos para enviar promoções da loja.

Por fim, caso seja negociado algum desconto na compra do veículo, o sistema realiza o cálculo desse desconto, atualizando o preço final, que pode ser informado ao cliente.

A cada alteração, o resumo da compra é atualizado com os dados inseridos. Esse resumo poderá ser impresso mais tarde, para gerar um pequeno relatório da venda. Esse resumo é gerado na planilha "Resumo" ao final da compra, caso o comprador responda "Sim" à pergunta da Figura 20, que aparece no momento em que o botão ▨ é pressionado.

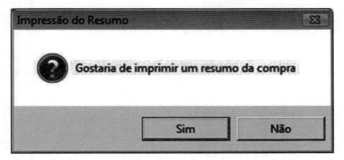

Figura 20 – Janela que pergunta se deseja impressão do resumo.

Ao pressionar o botão ▨, a compra é efetivada e cadastrada na planilha "Relatório de Vendas", junto com as compras anteriores. A data da venda também é registrada.

Caso algum dos campos obrigatórios deixe de ser preenchido, a compra não é cadastrada e é gerada uma mensagem ao usuário para completar a informação faltante. Ao sair da janela de mensagem de erro, o cursor deve retornar para o campo faltante, facilitando a interação do usuário com o sistema.

O sistema ainda verifica no arquivo "Estoque.xls" se o carro escolhido está no estoque da loja e gera uma mensagem final que informa se o carro está ou não disponível no estoque. Caso o carro esteja disponível no estoque, o estoque é atualizado computando a baixa de um veículo, já que a venda foi concluída.

O sistema também é capaz de gerar um relatório de faturamento mensal da loja de automóveis, mostrando quanto a loja vendeu em cada mês. Na planilha "Principal", há um botão para calcular o faturamento mensal da loja e mostrar o resultado gráfico na planilha "Gráficos".

O desenvolvimento de cada funcionalidade do sistema é explicado, ao longo do livro, através de muitos exemplos. Foram escolhidos os principais tópicos de programação em VBA para Excel, de modo que o leitor possa terminar o livro com uma formação satisfatória para usar macros em seu trabalho diário.

# Capítulo 3

## Introdução a Macros

O primeiro passo para se trabalhar com macros é a criação de Macros Gravadas. Este é um recurso de grande valia no Excel. Com ele, é possível gravar uma série de ações e reproduzi-las ao bel-prazer. Entretanto, como será visto adiante, trata-se de um recurso limitado. São necessários outros conhecimentos para que sua macro fique mais flexível, capaz de realizar tarefas mais complexas. É recomendável fazer-se intenso uso da gravação de macros, dada a economia de tempo e a facilidade para se realizar a tarefa desejada sem ser preciso memorizar inúmeras instruções em VBA.

Para criação de uma macro gravada, entre em Ferramentas/Macro/Gravar nova macro, ou simplesmente acione o botão de Gravação na Barra de Visual Basic: . Aparecerá, então, a janela da Figura 21.

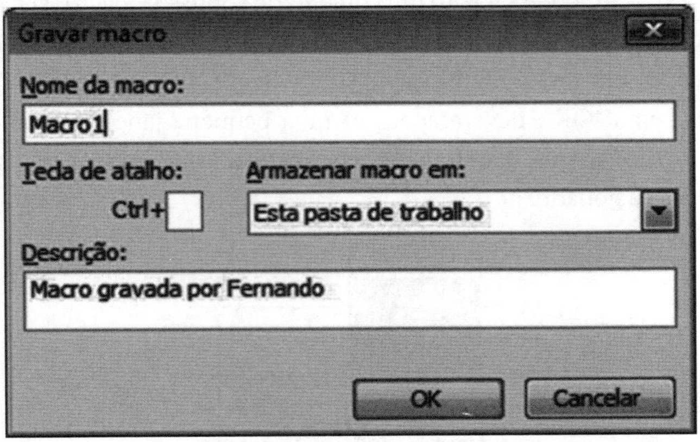

Figura 21 – Janela de gravação de macro.

No campo "Nome da macro", forneça o nome da macro a ser gravada. Caso não seja fornecida uma denominação, o Excel atribui um nome padrão (Macro1, Macro2 etc.). Cabe salientar que o nome da macro não pode conter espaços nem iniciar com números.

No campo "Tecla de Atalho", é possível criar um atalho para executar a macro. Exemplo: Ctrl+A. Cuidado, pois o Excel já contém alguns atalhos programados. Caso o atalho para a macro seja o mesmo que um atalho já usado pelo Excel, o atalho do Excel deixa de existir. É possível denominar um atalho por uma letra maiúscula. Nesse caso, o Excel insere Ctrl+Shift no diálogo, conforme a Figura 22.

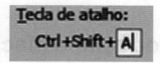

Figura 22 – Tecla de atalho da macro com letra maiúscula.

No campo "Armazenar macro em", há as seguintes opções:
- Esta pasta de trabalho: a macro será armazenada neste mesmo arquivo.
- Nova pasta de trabalho: a macro será armazenada em novo arquivo.xls.
- Pasta Pessoal de macro: Grava em um arquivo chamado "PESSOAL" – esta é uma maneira de concentrar suas macros em um só lugar.

Na opção "Nova Pasta de Trabalho", o arquivo onde foi armazenada a macro também deve estar aberto para ser possível executá-la. No caso de "Pasta Pessoal de Macro", o arquivo PESSOAL é aberto automaticamente. Mas, no caso de uso de macros da Pasta Pessoal em outros computadores, é necessário copiar o conteúdo do arquivo PESSOAL para um arquivo com mesmo nome nesse outro computador. Esta opção é recomendável para macros realmente pessoais, que não serão usadas em outros computadores. No desenvolvimento do sistema proposto, todas as macros serão gravadas em "Esta pasta de trabalho".

No campo "Descrição" pode ser feito um comentário sobre sua macro. Já há uma mensagem padrão criada pelo Excel com a data e o nome do usuário, como pode ser observado na janela "Gravar Macro", apresentada na Figura 21.

Ao acionar o botão "OK", deverá aparecer uma pequena janela com o botão de "Parar gravação", conforme a Figura 23, e todas as ações realizadas no Excel serão gravadas até que o referido botão seja acionado.

Figura 23 – Janela para parar gravação de macro.

Se essa janela não aparecer, escolha a opção "Exibir/Barra de Ferramentas/Parar Gravação" ou "Ferramentas/Personalizar/Barra de Ferramentas/Parar Gravação". Cuidar para não pressionar o botão da direita relativo à Referência Relativa, assunto que será abordado posteriormente.

Como primeiro exemplo de macro gravada, inicie o processo de gravação descrito, clique na célula A1 e escreva seu nome. Em seguida, tecle "Enter" e acione o botão de "Parar Gravação" da Figura 23. Você acabou de gravar uma macro simples, cuja única tarefa é escrever seu nome na célula A1.

Para testar seu funcionamento, apague seu nome da célula A1 e entre em "Ferramentas/Macro/Macros" ou aperte ▶ na barra de ferramentas do Visual Basic.

Aparecerá, então, a janela da Figura 24, que contém a lista de macros associadas a este arquivo .xls. É possível escolher uma das macros e mandar executá-la. Pode-se também Depurar, Editar e Excluir a macro escolhida. No botão "Opções", é possível alterar a tecla de atalho ou editar a descrição da macro.

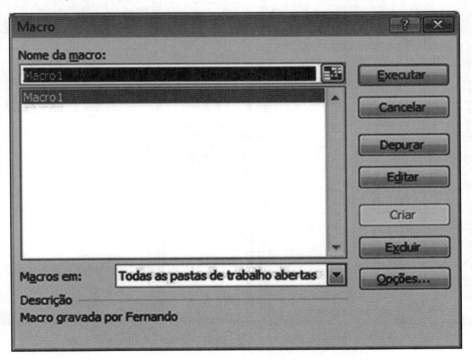

Figura 24 – Janela de seleção de macros.

Provavelmente, existe apenas uma macro na janela de seleção de macros – aquela que acabou de ser gravada. Selecione-a e clique no botão "Executar". Seu nome deve aparecer na célula A1.

Apague o conteúdo da célula A1, retorne à janela de seleção de macros e acione o botão "Editar". Note que o VBE é aberto, e uma janela semelhante à da Figura 25 deve aparecer.

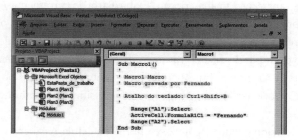

Figura 25 – Janela do VBE com o código da macro gravada.

Conforme já sugerido, abra o Excel e o VBE lado a lado para que ambos possam ser vistos simultaneamente, conforme a Figura 26.

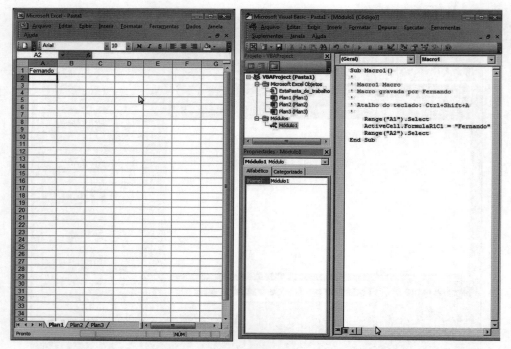

Figura 26 – Janelas do Excel e do VBE abertas simultaneamente.

Note que no VBE há uma série de linhas de código referentes à macro criada. Foi criado o Módulo 1, que fica do lado esquerdo do VBE, onde está armazenada a macro gravada. Ao criar novas macros, é recomendável que elas fiquem dentro de módulos. Para programadores avançados, é possível criar macros também inserindo uma Classe.

Crie macros dentro das planilhas (Plan1, Plan2,...) ou em "EstaPasta_de_Trabalho" somente quando estiver trabalhando com Ferramentas de Controle dentro da aba, assunto que será abordado posteriormente. Uma macro inserida dentro de uma aba causará problemas ao se acessarem outras planilhas e outros arquivos.

Note o código gerado:

```
Sub Macro1()
'
'   Macro1 Macro
'   Macro gravada em 25/06/2009 por Fernando
'
'
        Range("A1").Select
        ActiveCell.FormulaR1C1 = "Fernando"
        Range("A2").Select
End Sub
```

Macro 1 – Macro gravada que escreve um nome na célula A1.

Todas as macros começam com "Sub *nome*()", que significa sub-rotina, e terminam com "End Sub", onde *nome* é o nome da macro. Entre parênteses ficam eventuais parâmetros da macro. O assunto parâmetros será abordado mais adiante. Vale ressaltar que palavras reservadas do VBA aparecem sempre na cor azul; no exemplo, apenas Sub e End Sub.

Linhas em verde são comentários sobre o código. O programa, ao ser executado, ignora todas as linhas em branco e todas as linhas em verde. Linhas em branco e comentários servem apenas para ajudar o programador a entender o código. Ao gravar uma macro, o Excel tem uma estrutura de comentários e linhas em branco onde se repete o nome da macro e se escreve sua descrição e a tecla de atalho, caso existam. Para adicionar comentários, basta começar a frase com aspas simples, a tecla localizada abaixo do "Esc" no teclado brasileiro. Note que, ao terminar de escrever uma frase iniciada por aspas simples e teclar "Enter", o VBE coloca a frase em verde, indicando que se trata de um comentário. Também podem ser inseridos comentários ao final de uma instrução.

As linhas em preto são instruções a serem executadas. Cada linha contém uma instrução.

Caso haja uma célula no Excel sendo editada ou haja alguma janela de informação do Excel aberta, o editor de VBE fica travado. Tecle "Enter" no Excel ou feche a janela para destravar o VBE. Também é impossível executar uma macro se uma outra já estiver sendo exectuada. É necessário parar a execução de uma macro com o botão ▪ antes de executar outra.

Após ter dividido a tela entre Excel e VBE e apagado o conteúdo da célula A1, clique em qualquer lugar no código da macro gravada e tecle F8. Surge uma seta amarela e a primeira linha fica iluminada de amarelo, indicando que esta será a próxima instrução a ser executada. Ao teclar F8 novamente, a instrução em amarelo é executada e a próxima instrução é iluminada em amarelo. A primeira instrução é o início da macro e, na verdade, não executa instrução alguma.

Note que os comentários (em verde no VBE) são ignorados pelo programa.

```
Sub Macro1()
'comentário 1
    Range("A1").Select ' comentario 2
    ActiveCell.FormulaR1C1 = "Fernando"
    Range("A2").Select
End Sub
```

Figura 27 – Macro sendo executada com o auxílio da tecla F8.

A próxima instrução é Range("A1").Select – essa instrução seleciona a célula A1.

```
Sub Macro1()
'comentário 1
    Range("A1").Select ' comentario 2
    ActiveCell.FormulaR1C1 = "Fernando"
    Range("A2").Select
End Sub
```

Figura 28 – Range("A1").Select será a próxima instrução a ser executada.

Tecle F8 novamente. Note que somente agora a célula A1 foi selecionada. A próxima instrução é ActiveCell.FormulaR1C1 = "Fernando". Esta instrução irá escrever o nome "Fernando" na célula ativa; no caso, A1.

```
Sub Macro1()
'comentário 1
    Range("A1").Select ' comentario 2
    ActiveCell.FormulaR1C1 = "Fernando"
    Range("A2").Select
End Sub
```

Figura 29 – ActiveCell.FormulaR1C1 = "Fernando"
será a próxima instrução a ser executada.

Tecle F8 novamente e o nome é escrito na célula A1. A próxima instrução irá selecionar a célula A2. Isso foi gravado porque foi pressionada a tecla "Enter" depois de escrito o nome na célula A1.

```
Sub Macro1()
'comentário 1
    Range("A1").Select ' comentario 2
    ActiveCell.FormulaR1C1 = "Fernando"
    Range("A2").Select
End Sub
```

⇨

Figura 30 –Range("A2").Select será a próxima instrução a ser executada.

Tecle novamente F8 e a célula A2 é selecionada. Tecle mais uma vez F8. A macro termina e a seta amarela desaparece.

Foi gravada e executada sua primeira macro. Daqui em diante, seus projetos ficarão gradativamente mais complexos. Vale lembrar que se deve trabalhar sempre com as duas telas simultaneamente e executando instrução por instrução, com o auxílio da tecla F8, para compreender melhor o código e identificar possíveis erros.

Apague o conteúdo da célula A1. Troque, no código, o nome entre aspas para qualquer outra palavra. Execute a macro novamente. Caso queira executar a macro inteira de uma só vez, clique em qualquer lugar do código da macro e pressione ▶ no VBE ou, então, selecione no caminho Ferramentas/Macro/Macros a macro a ser executada.

Execute a macro do primeiro exemplo e inicie a gravação de uma nova macro. O objetivo desta nova macro é somente pintar e colocar bordas na célula A1. Por exemplo, clique na célula A1 e troque a cor da fonte para vermelho, interior amarelo e bordas normais ao redor da célula, conforme a Figura 31.

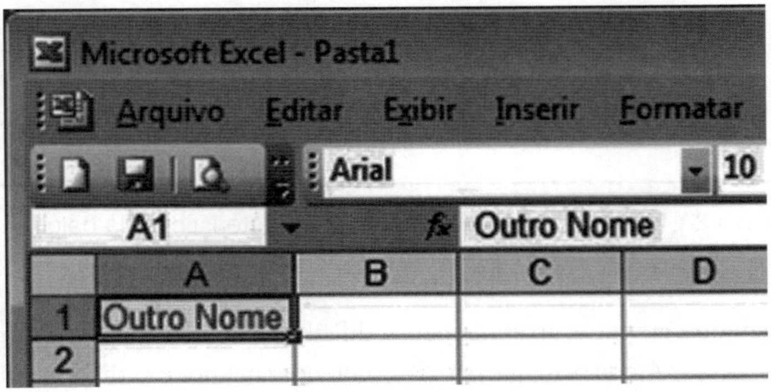

Figura 31 – Gravação da macro que modifica algumas características da célula A1.

O código gerado para esta nova macro é mostrado na Macro 2. No VBE, clique no Módulo1 para visualizar este código. Caso o arquivo.xls tenha sido fechado, o código da nova macro estará no Módulo2.

```
Sub Macro2()
'
' Macro2 Macro
' Macro gravada em 25/06/2009 por Fernando
'

    Range("A1").Select
    With Selection.Interior
        .ColorIndex = 6
        .Pattern = xlSolid
    End With
    Selection.Font.ColorIndex = 3
    Selection.Borders(xlDiagonalDown).LineStyle = xlNone
    Selection.Borders(xlDiagonalUp).LineStyle = xlNone
    With Selection.Borders(xlEdgeLeft)
        .LineStyle = xlContinuous
        .Weight = xlThin
        .ColorIndex = xlAutomatic
    End With
    With Selection.Borders(xlEdgeTop)
        .LineStyle = xlContinuous
        .Weight = xlThin
        .ColorIndex = xlAutomatic
    End With
    With Selection.Borders(xlEdgeBottom)
        .LineStyle = xlContinuous
        .Weight = xlThin
        .ColorIndex = xlAutomatic
    End With
    With Selection.Borders(xlEdgeRight)
        .LineStyle = xlContinuous
        .Weight = xlThin
        .ColorIndex = xlAutomatic
    End With
End Sub
```

Macro 2 – Macro gravada que modifica características da célula A1.

O código gerado é grande e, aparentemente, difícil de entender. Será necessário memorizar todas essas instruções? Ainda bem que não! Para entender melhor o código, apague o conteúdo da célula A1 e retire toda a formatação. Agora, execute a primeira macro, que é a mais fácil de entender. Em seguida, posicione o cursor em algum lugar da Macro2 e execute-a, passo a passo, através da tecla F8. Procedendo dessa forma, é possível perceber o que cada linha de código está fazendo.

Para um usuário iniciante, a visão de um código longo assim pode ser desanimadora. Não se preocupe em entender, no estágio atual, o código por completo. Lembre-se sempre de usar a tecla F8 para tentar acompanhar o que o VBE está fazendo.

Observe que, neste código, existem grupos With... End With, que são blocos de propriedades e métodos (ações). Cada bloco desses está adicionando um tipo de borda – esquerda, topo, baixo, direita. Ao gravar as instruções dentro de um bloco With... End With, o VBE evita ficar repetindo o nome da borda selecionada (exemplo: Selection.Borders(xlEdgeLeft)), ao modificar cada propriedade (LineStyle, Weight, ColorIndex). O mesmo grupo de instruções poderia ser escrito de uma forma menos elegante como:

Selection.Borders(xlEdgeLeft).LineStyle = xlContinuous
Selection.Borders(xlEdgeLeft).Weight = xlThin
Selection.Borders(xlEdgeLeft).ColorIndex = xlAutomatic

Na segunda linha de instrução, há: Selection.Font.ColorIndex = 3, que muda a cor da fonte. Cada cor está associada a um número; o da vermelha é o número 3. Rode a macro com outros números de cor. O mesmo se aplica a Selection.Interior.ColorIndex = 6, para a cor de fundo da célula (amarela). As cores variam de 0 a 55 e podem ser consultadas no manual de ajuda do VBA.

## 3.1. Introdução a Macros com Instruções Matemáticas

Suponha que existam três valores na planilha que devem ser somados. Grave uma macro que faça a soma dos três valores, sem o uso da função Soma, e verifique o código gerado:

```
Sub soma()

    Range("B4").Select
    ActiveCell.FormulaR1C1 = "=R[-1]C+R[-2]C+R[-3]C"
    Range("B5").Select
End Sub
```

Macro 3 – Macro gravada que soma três números em linhas consecutivas começando da célula B1.

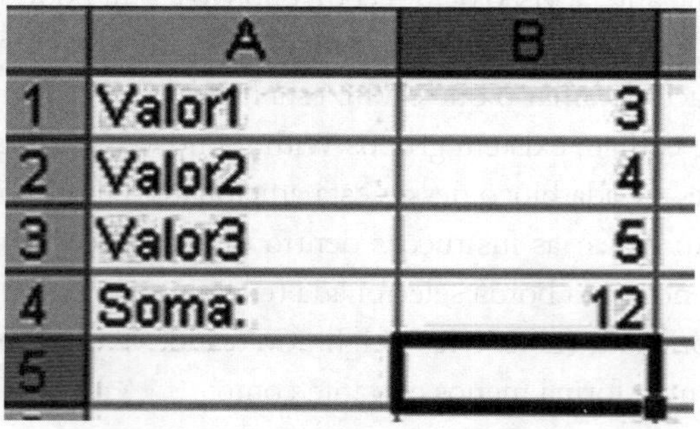

|   | A      | B  |
|---|--------|----|
| 1 | Valor1 | 3  |
| 2 | Valor2 | 4  |
| 3 | Valor3 | 5  |
| 4 | Soma:  | 12 |
| 5 |        |    |

Figura 32 – Resultado obtido com a Macro 3.

Note que o VBE está trabalhando com FormulaR1C1. Isso significa que, a partir da célula na qual está sendo inserida a fórmula, podem ser usadas células no formato RC, onde R é relativo às linhas (Rows) e C, às colunas (Columns). R positivo tem o sentido para baixo; e R negativo, para cima. Caso a linha não mude, é possível simplesmente escrever R. Analogamente, C positivo tem o sentido para a direita; e C negativo, para a esquerda. Caso a coluna não mude, é possível simplesmente escrever C. Note também que a fórmula tem de estar entre aspas e começando com o símbolo "=". Neste exemplo, está sendo usado o operador aritmético "+", que faz a adição dos três números.[1]

No exemplo da figura, as três células acima de B4 estão sendo acessadas, por isso aparece R[-1]C, R[-2]C, e R[-3]C no código. Como a coluna não varia, a letra C aparece sem um colchete ao lado.

No caso de se usar ActiveCell.Formula em vez de ActiveCell.FormulaR1C1, as células passam a ser acessadas como B1, B2, B3, o que notadamente é uma representação mais intuitiva. A vantagem de se usar FormulaR1C1, entretanto, é que seu código pode ser copiado para outras colunas sem precisar ser modificado. Na Macro 4, é apresentado um código para obter o resultado da Macro 3, utilizando ActiveCell.Formula.

```
Sub soma2()

    Range("B4").Select
    ActiveCell.Formula = "=B3 + B2 + B1"
    Range("B5").Select

End Sub
```

Macro 4 – Macro utilizando ActiveCell.Formula.

---

[1] Outros operadores aritméticos serão descritos na Seção 10.1.

## 3.2. Introdução a Macros com Passagem de Parâmetros

As macros criadas até agora possuem parênteses vazios após os nomes. Dentro dos parênteses ficam os parâmetros necessários para a execução da macro. Parâmetros são informações trocadas entre macros. Nos exemplos anteriores, as macros não possuem parâmetros. Eles são introduzidos na Macro 5, a seguir.

```
Sub valores()
        valor1 = 7
        valor2 = 9

        med valor1, valor2
End Sub


Sub med(nota1, nota2) ' macro que recebe valores

        med = (nota1 + nota2) / 2 ' calcula media

        MsgBox med 'caixa de mensagem com a resposta

End Sub
```

Macro 5 – Exemplo de macro com passagem de parâmetros.

A primeira macro, *valores*, não contém parâmetros. Possui duas variáveis[2,] *valor1* e *valor2*, com valores 7 e 9, respectivamente. Essa primeira macro chama a macro *media*, que recebe como parâmetros os dois valores e calcula sua média aritmética. Note que dentro dos parênteses da macro *media* há os parâmetros *nota1* e *nota2*, responsáveis por receber duas informações e passá-las para o interior da macro. A instrução MsgBox será explicada no próximo capítulo.

Execute a macro *valores* com auxílio da tecla F8 e veja que ela passa os valores para a macro *media* e, ao final, retorna para a macro *valores*, onde encerra sua execução.

## 3.3. Iniciando o Sistema de Controle de Vendas com Macros Gravadas

Conforme já mencionado, o usuário poderá gerar, no sistema proposto, relatórios de vendas com gráficos e visualizar o faturamento até a data presente. Esses assuntos serão abordados alguns capítulos à frente.

Deseja-se que, toda vez que o usuário gerar um relatório de vendas, o programa armazene, em uma célula, a data e a hora em que o programa executou a macro correspondente.

---

[2] Variáveis serão estudadas em maior profundidade no Capítulo 5.

Para isso, deve ser gravada uma macro, *datagrafico*, na planilha "Gráficos", que será usada posteriormente.

Na planilha "Gráficos", preencha a célula A1 com: **Gráfico gerado em:**

Inicie a gravação da macro *datagrafico* através do menu do Visual Basic.

Figura 33 – Gravação de macro através do menu do Visual Basic.

Preencha as informações necessárias na janela de gravação de macros (Figura 21) e pressione o botão "OK". A macro já está sendo gravada. Clique, então, na célula B1 e escreva a seguinte fórmula:

=Agora() ou =Now(), caso seu Excel seja em inglês

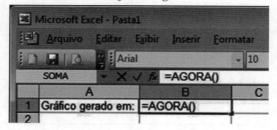

Figura 34 – Exemplo do uso da instrução Agora() em uma macro gravada.

Observe que a data e a hora do momento serão inseridas na célula B1.

A data e a hora se referem ao momento em que o arquivo está sendo acessado. Caso se queira a data e a hora em que foi executada a macro, torna-se necessário copiar o valor da célula B1 e colá-lo no mesmo lugar como texto, ainda durante a gravação da macro. Para isso, clique na célula B1 e copie a célula. Agora, clique novamente na célula B1, clique com o botão direito do mouse e escolha "Colar especial...", escolha "Valores" e pressione a tecla "OK". Não há mais uma fórmula na célula B1, e sim uma data. Pare a gravação e veja seu código:

```
Sub datagrafico()
'
' Macro2 Macro
' Macro gravada em 25/06/2009 por Fernando
'

'
    Range("B1").Select
    ActiveCell.FormulaR1C1 = "=Now()" 'data e hora de hoje
    Range("B1").Select
    Selection.Copy
    Selection.PasteSpecial Paste:=xlPasteValues, Operation:=xlNone, _
    SkipBlanks:=False, Transpose:=False

End Sub
```

Macro 6 – Exemplo que escreve a data e a hora em que a macro foi executada.

Execute a macro novamente e veja que a hora mudou. O objetivo desta macro é, no futuro, mostrar ao usuário quando o gráfico do Sistema de Controle de Vendas foi gerado pela última vez.

## 3.4. Tipos de Erro

Durante a criação de macros, é normal cometer erros. Ao tentar executar um programa e detectar um erro, o programador inexperiente não deve se preocupar. Os erros devem ser corrigidos para que se possa prosseguir com a execução da macro. Há mecanismos para gerenciar o tratamento de erros, que serão apresentados posteriormente.

Existem basicamente dois tipos de erros[3]: erros de compilação e erros de execução.

### 3.4.1. Erros de compilação

O caso típico é quando o programador digita uma instrução sintaticamente incorreta, como, por exemplo:

Figura 35 – Erro de compilação.

### 3.4.2. Erros de Execução

Um exemplo é a atribuição de texto para uma variável inteira.[4]

```
Sub erro()

    Dim erro As Integer

    numero = "Valor" ' vai gerar erro
   13

End Sub
```

Macro 7 – Exemplo de erro de execução na entrada de dados.

---

[3] Tratamento de erros será apresentado no Capítulo 18.

[4] A declaração de tipos de variáveis será apresentada no Capítulo 5.

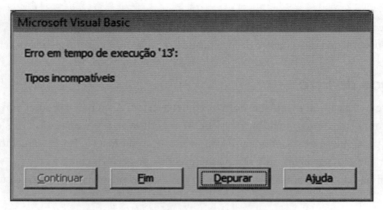

Figura 36 – Erro de entrada de dados.

Outro exemplo típico é a tentativa de divisão por zero.

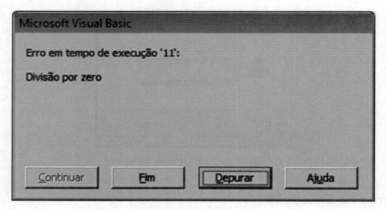

Figura 37 – Erro de divisão por zero.

Cada erro tem um código. Quando o VBE não consegue descobrir qual é o erro, atribui o número 1004, que significa "erro não reconhecido".

Quando se está criando uma macro, é possível que mensagens de erro apareçam diversas vezes. Não se desespere. Esta é a fase de depurar seu código. Pressione o botão "Depurar" na janela de Erro; o VBE será aberto e a linha em que ocorreu o problema será iluminada. Corrija o erro e pressione F8 para que o VBE execute a macro linha por linha. Quando forem removidos todos os erros, pressione ▶ para executá-la.

# Capítulo 4

## Criação de Interfaces

No VBA, a criação de interfaces é feita através de diálogos pré-montados, Message Box e Input Box, ou através da criação de novos diálogos, com o auxílio de formulários e Elementos de Controle. Estes elementos de interface serão descritos a seguir.

### 4.1. Janela de Mensagem (MsgBox)

Uma Janela de Mensagem tem como finalidade exibir uma informação para o usuário, com alguns botões pré-programados para interação com a aplicação. A Figura 38 apresenta uma MsgBox com três botões e um ícone pré-programados.

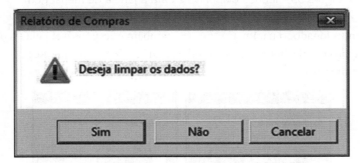

Figura 38 – Exemplo de uma MsgBox.

A sintaxe para criação de uma MsgBox é:
    MsgBox texto, botões, título, helpfile, contexto ou
    Variável = MsgBox (texto, botões, título, helpfile, contexto)
Segue-se uma descrição de cada parâmetro.
- texto – texto obrigatório com a mensagem a ser apresentada ao usuário;

- botões – um número inteiro que indica quantos e quais botões irão aparecer na janela de mensagem;
- título – título que aparece na caixa de diálogo (opcional); e
- helpfile e contexto – não serão abordados neste livro. Dizem respeito à criação de um texto de ajuda associado a esta MsgBox.

### 4.1.1. O parâmetro botões

Trata-se de um número inteiro, responsável por indicar qual ícone de mensagem será apresentado e quantos e quais botões irão aparecer na janela. Há quatro ícones disponíveis: interrogação, informação, exclamação e alerta, apresentados na Figura 39.

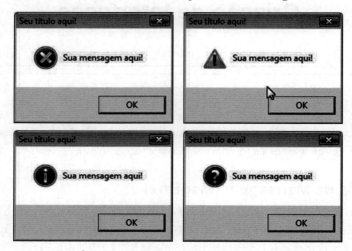

Figura 39 – Ícones disponíveis para a janela de mensagem.

Como já mencionado, o parâmetro "botões" também é responsável pela escolha de quais botões irão aparecer. Há botões pré-definidos: "OK", "Sim", "Não", "Repetir", "Cancelar", "Abortar", "Ignorar".

Figura 40 – Exemplos de botões disponíveis para a janela de mensagem.

Há, ainda, opções de formatação do texto da mensagem, da forma de interação com a janela e qual deve ser o botão padrão no caso de o usuário pressionar a tecla "Enter". Todas essas opções são expressas através de um único número inteiro obtido pela soma dos números associados, apresentados na Tabela 1:

| Constante | Valor | Descrição |
|---|---|---|
| vbOkOnly | 0 | Exibe somente o botão OK |
| vbOKCancel | 1 | Exibe os botões Ok e Cancelar |
| vbAbortRetryIgnore | 2 | Exibe os botões Abortar, Repetir e Ignorar |
| vbYesNoCancel | 3 | Exibe os botões Sim, Não e Cancelar |
| vbYesNo | 4 | Exibe os botões Sim e Não |
| vbRetryCancel | 5 | Exibe os botões Repetir e Cancelar |
| vbCritical | 16 | Exibe o ícone de mensagem crítica |
| vbQuestion | 32 | Exibe o ícone consulta de aviso |
| vbExclamation | 48 | Exibe o ícone mensagem de aviso |
| vbInformation | 64 | Exibe o ícone mensagem de informação |
| vbDefaultButton1 | 0 | O primeiro botão é o padrão |
| vbDefaultButton2 | 256 | O segundo botão é o padrão |
| vbDefaultButton3 | 512 | O terceiro botão é o padrão |
| vbDefaultButton4 | 768 | O quarto botão é o padrão |
| vbApplicationModal | 0 | Janela restrita do aplicativo: o usuário deve responder à caixa de mensagem antes de continuar a usar o aplicativo corrente |
| vbSystemModal | 4096 | Janela restrita de sistema; todos os aplicativos são suspensos até que o usuário responda à caixa de mensagem |
| vbMsgBoxHelpButton | 16384 | Adiciona o botão de ajuda à caixa de mensagens |
| vbMsgBoxSetForeground | 65536 | Especifica a janela da caixa de mensagem como a janela de primeiro plano |
| vbMsgBoxRight | 524288 | O texto é alinhado à direita |
| vbMsgBoxRtlReading | 1048576 | Especifica que o texto deve aparecer como leitura da direita para esquerda |

Tabela 1 – Números associados aos ícones, botões e formatação de uma MsgBox.

Como exemplo, é apresentado o código de uma macro para criação de uma MsgBox com a mensagem "Deseja Continuar?", com o ícone de interrogação e que contém os botões "Sim", "Não" e "Cancelar".

```
Sub Mensagem ()
      MsgBox "Deseja Continuar?", 35
End Sub
```
Macro 8 – Exemplo de MsgBox com três botões e ícone de interrogação.

O número 35 é obtido somando-se o valor 3, de VBYesNoCancel, com o valor 32, de VBQuestion. Não há necessidade de utilizar os números da Tabela 1. É possível usar também as constantes que aparecem na primeira coluna da Tabela 1. Uma vez digitada a letra "v" no parâmetro "botões" de MsgBox, o VBE apresenta automaticamente uma lista com todas as constantes disponíveis, conforme a figura a seguir. Essas constantes são mnemônicas, isto é, têm um significado associado a seus nomes. As opções podem ser concatenadas com o operador "+".

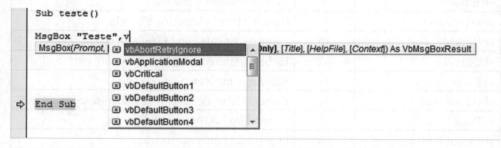

Figura 41 – Parâmetro "botões" da função MsgBox.

A seguir, é apresentado um exemplo utilizando as constantes predefinidas como parâmetro "botões".

```
Sub imprimir()
    Dim Resp As Integer

    Resp = MsgBox("Deseja imprimir compra?", _
        vbYesNoCancel + vbInformation, "Imprimir")
End Sub
```
Macro 9 – Exemplo de MsgBox utilizando as constantes predefinidas para o parâmetro "botões".

Repare que há um traço de sublinhado no final da terceira linha. Essa é a forma como o VBA indica que a instrução continua na próxima linha.

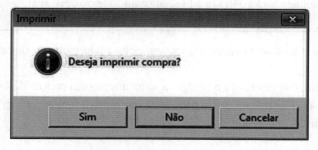

Figura 42 – Janela criada com o código da Macro 9.

Ao se pressionar o botão "OK", "Cancelar", "Abortar", "Repetir", "Ignorar", "Sim" ou "Não", o VBA retorna um valor correspondente, associado à palavra "Resp" da macro *imprimir*, conforme a Tabela 2.

| Constante | Valor | Descrição |
|---|---|---|
| vbOk | 1 | Ok |
| vbCancel | 2 | Cancelar |
| vbAbort | 3 | Abortar |
| vbRetry | 4 | Repetir |
| vbIgnore | 5 | Ignorar |
| vbYes | 6 | Sim |
| vbNo | 7 | Não |

Tabela 2 – Valores associados aos botões da MsgBox.

Caso não queira escolher o parâmetro "botões", basta deixar em branco o espaço correspondente. O Excel colocará à disposição somente o botão "OK". Caso queira trocar de linha no meio da mensagem, concatene o texto com Chr(13) ou vbCrLf, conforme exemplo na Figura 43.

Figura 43 – Exemplo de MsgBox com mensagem em mais de uma linha: MsgBox *"1a linha"* & *Chr(13)* & *"2a linha"*.

## 4.1.2. Exemplo de MsgBox no Sistema de Controle de Vendas

No Sistema de Controle de Vendas, ao confirmar uma venda, o vendedor tem a opção de imprimir um resumo da compra, que se encontra na planilha "Resumo". A Macro 10 exemplifica o uso de MsgBox para auxiliar a realização dessa tarefa.

```
Sub impressao()
    Dim impressao As Byte

    impr = MsgBox("Deseja imprimir o resumo da venda?", _
        vbYesNo, "Imprimir")

    If impr = 6 Then '6 = sim
        Sheets("Resumo").PrintOut
    End If
End Sub
```

Macro 10 – Exemplo do uso de MsgBox e Impressão no Sistema de Controle de Vendas.

No exemplo da Macro 10, a instrução MsgBox terá dois botões, "Sim" e "Não", de acordo com o parâmetro vbYesNo. O valor de *impr* igual a 6 significa que o botão "Sim" foi pressionado e, neste caso, o usuário deseja fazer a impressão do Resumo. A instrução ActiveSheet.Printout é a responsável por essa tarefa[5]. A instrução If será explicada com mais detalhes no Capítulo 7.

## 4.2. Janela de Entrada (InputBox)

Uma Janela de Entrada, ou InputBox, é uma janela predefinida que permite o recebimento, por parte de uma macro, de uma informação. A seguir é apresentado um exemplo de InputBox.

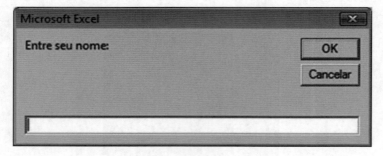

Figura 44- Exemplo de uma InputBox que solicita a entrada do nome do usuário.

A sintaxe para criação de uma InputBox é:
        InputBox texto, título, default, xpos, ypos, helpfile, contexto ou
        Variável = InputBox (texto, título, default, xpos, ypos, helpfile, contexto)
A seguir é apresentada uma descrição de cada parâmetro.
- texto – texto obrigatório com a mensagem a ser apresentada ao usuário;
- título – título que aparece na caixa de diálogo (opcional);
- default – valor default que aparece no campo de entrada de dados;
- xpos e ypos – posição x e y do canto superior esquerdo da janela, em pixels; e

---

[5] Impressão será estudada no Capítulo 17.

- helpfile e contexto – não serão abordados neste livro. Dizem respeito à criação de um texto de ajuda associado a esta InputBox.

O código da Macro 11 gera a janela de diálogo mostrada anteriormente.

```
Sub nome()
    Dim Resp As String

    Resp = InputBox("Entre seu nome:")
End Sub
```

Macro 11 – Exemplo de entrada de um nome através de um InputBox.

Note que não foi fornecido o parâmetro "título". O VBE coloca o título Microsoft Excel, por *default*. O mesmo acontece com MsgBox. "Resp" recebe a informação digitada e, no caso de ser pressionado o botão "Cancelar", "Resp" irá receber "", isto é conteúdo vazio.

## 4.3. Elementos de Controle nos Formulários (UserForm)

Formulário, ou UserForm, é o mecanismo do VBE que permite a criação de interfaces que contêm os chamados elementos de controle, tais como: Caixas de Texto, Listas de Seleção, Caixas de Seleções, Botões etc. Para inserir um Formulário, acesse o menu do VBE Inserir/UserForm ou através do ícone da Figura 45 e escolhendo o item UserForm. Os termos Formulário e UserForm serão usados, indistintamente, ao longo do texto.

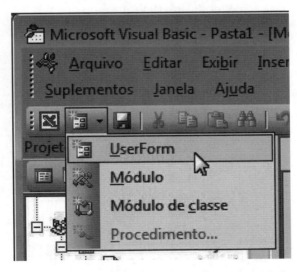

Figura 45 – Criação de um UserForm através do ícone apropriado da barra de ferramentas.

As seguintes janelas irão aparecer:

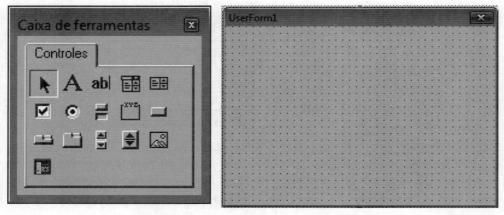

Figura 46 – Janelas para criação de um UserForm.

A janela da direita é o UserForm sendo criado e a da esquerda é a Caixa de ferramentas, que contém os elementos de controle que podem ser adicionados ao UserForm. Caso não apareça a Caixa de ferramentas, pressione [🔧] no VBE. Os elementos de controle são adicionados selecionando-os na Caixa de ferramentas e arrastando-os para o UserForm. Ao se criar um novo UserForm, este aparece na área de projeto em Formulários, conforme a Figura 47, com a criação do formulário "Relatorio".

Figura 47 – O UserForm "Relatorio" na área de projeto do VBE.

Abaixo da área de Projeto aparece a Janela de Propriedades (Figura 48), onde estão as propriedades de cada elemento de controle, inclusive do UserForm. Como exemplo dessas propriedades, podem ser citados nome (Name), dimensão (Height e Width), título (Caption), cor (BackColor, BorderColor e ForeColor) etc. Note que os nomes de todas as propriedades dos elementos de controle estão em inglês. Caso não apareça a janela de Propriedades, pressione  no VBE.

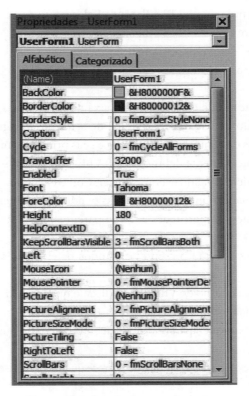

Figura 48 – Janela de propriedades.

Para mostrar um UserForm durante uma aplicação, usa-se a instrução *NomedoUserForm*. Show, onde *NomedoUserForm* é a propriedade Name do UserForm que se deseja mostrar. A Macro 12, ao ser executada, carrega o formulário "Relatorio".

```
Sub carrega()
    Relatorio.Show
End Sub
```
Macro 12 – Macro que carrega o formulário "Relatorio".

Observe que há vários elementos de controle na Caixa de ferramentas, como mostra a Figura 46. Estes elementos estão listados abaixo na posição em que aparecem na Caixa de ferramentas. Cada elemento tem uma série de propriedades, e podem-se associar códigos que definirão seus comportamentos:

1 – Rótulo
2 – Caixa de Texto
3 – Caixa de combinação
4 – Caixa de listagem
5 – Caixa de seleção
6 – Caixa de opção
7 – Botão de ativação
8 – Quadro
9 – Botão de comando
10 – TabStrip
11 – Multipágina
12 – Barra de Rolagem
13 – Botão de Rotação
14 – Imagem
15 – RefEdit

Para saber o significado de cada ícone na Caixa de ferramentas, basta passar o mouse sobre o ícone escolhido que aparecerá o nome de seu tipo. A seguir serão apresentados cada um dos elementos de controle, mostrando-se suas principais propriedades e métodos. Métodos são macros previamente definidas pelo VBE, que devem ser implementadas pelo programador quando determinado evento ocorrer. Como exemplo, pode-se citar que ações devem ser tomadas quando um botão for pressionado. Os elementos de controle serão listados com seus nomes em português e, entre parênteses, o nome como é reconhecido pelo VBE.

Algumas propriedades estão presentes em todos os elementos de controle. As principais são:

>Name – nome interno do VBE que é utilizado quando se deseja acessar o elemento através de uma macro;
>
>Caption – texto que aparecerá no elemento de controle quando o Formulário é mostrado;
>
>ControlTipText – texto de ajuda que aparece quando o mouse passa sobre o elemento de controle;
>
>Enabled – "True" se o elemento de controle puder ser acessado. "False", caso contrário; e
>
>Visible – "True" se o elemento de controle estiver visível no Formulário. "False", caso contrário.

## 4.3.1. Rótulo (Label):

Rótulo é um elemento de controle que não permite interação com o usuário. Serve somente para colocar textos no UserForm. É comum colocar Rótulos relacionados aos demais elementos de controle para indicar ao usuário o que estes significam.

Figura 49 – Ícone que representa o Rótulo na Caixa de ferramentas.

## 4.3.2. Caixa de Texto (TextBox)

Caixa de Texto é um elemento de controle que permite ao usuário digitar uma informação que pode ser acessada pela aplicação. Sua funcionalidade é similar à da InputBox, porém pode ser combinada com outros diversos elementos de controle em um mesmo Formulário.

Figura 50 – Ícone que representa a Caixa de Texto na Caixa de ferramentas.

Principais propriedades:
    Value – valor que aparecerá escrito na Caixa de Texto quando esta é apresentada e que é acessado pela aplicação;
    Font – tipo da letra usada no texto;
    ForeColor – cor da fonte usada no texto; e
    BackColor – cor que aparecerá no fundo da Caixa de Texto.
    Exemplo de uma Caixa de Texto:

Figura 51 – Exemplo de uma Caixa de Texto com um Rótulo "Caixa de Texto".

### 4.3.3. Botão de Comando (CommandButton)

Botão de Comando é um elemento de controle com a finalidade de disparar uma macro ao ser pressionado.

Figura 52 – Ícone que representa o Botão de Comando na Caixa de ferramentas.

Principal propriedade:

Accelerator – tecla de atalho para acessar o Botão através do teclado. O Botão será acessado com Alt + a letra escolhida como atalho. Caso a letra escolhida esteja presente no texto do Botão, a letra ficará sublinhada, indicando que há um atalho. Quando a tecla de atalho escolhida é igual a uma existente no Excel, esta fica associada ao Botão. Sugere-se usar sempre letras maiúsculas, pois as teclas de atalho do Excel são minúsculas.

Exemplo de um Botão de Comando. Repare que "P" é a tecla de atalho, já que está sublinhada:

Figura 53 – Exemplo de um Botão de Comando com Caption "Preencher Range".

### 4.3.4. Botão de Ativação (ToggleButton)

Botão de Ativação é um elemento de controle que pode ou não estar pressionado; quando está, seu valor é "True" (1); quando não, é "False" (0).

Figura 54 – Ícone que representa o Botão de Ativação na Caixa de ferramentas.

Exemplo de um Botão de Ativação selecionado. Repare que se tem a impressão de que o botão está pressionado.

Figura 55 – Exemplo de Botão de Ativação pressionado, com Caption "Botão de Ativação".

### 4.3.5. Caixa de Seleção (CheckBox)

Caixa de Seleção é um elemento de controle usado para selecionar ou não um item. Quando está selecionado, seu valor é "True" (1); quando não está, é "False" (0).

Figura 56 – Ícone que representa a Caixa de Seleção na Caixa de ferramentas.

Principal propriedade:

Alignment – posição do texto em relação à Caixa de Seleção. *Default* é texto à direita.

Exemplo de uma Caixa de Seleção. Repare que o texto aparece do lado direito da Caixa de Seleção (*default*).

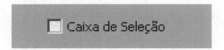

Figura 57 – Exemplo de uma Caixa de Seleção com Caption "Caixa de Seleção".

### 4.3.6. Botão de Opção (OptionButton)

Botão de Opção é um elemento de controle similar à Caixa de Seleção. A principal diferença é que, em um conjunto de Botões de Opção, eles podem ser mutuamente exclusivos. Sua implementação será explicada no item seguinte: Quadro (Frame).

Figura 58 – Ícone que representa a Caixa de Opção na Caixa de ferramentas.

Principal propriedade:

Alignment – posição do texto em relação ao Botão de Opção. *Default* é texto à direita.

Exemplo de um Botão de Opção. Repare que o texto aparece do lado direito do Botão de Opção (*default*).

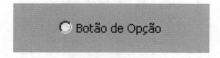

Figura 59 – Exemplo de um Botão de Opção com Caption "Botão de Opção".

### 4.3.7. Quadro (Frame)

Quadro é o elemento de controle usado para organizar, física e logicamente, outros elementos de controle no Formulário.

Figura 60 – Ícone que representa Quadro na Caixa de ferramentas.

Exemplo de um Quadro que contém dois Botões de Opção:

Figura 61 – Exemplo de um Quadro com Caption "Sexo" que contém dois Botões de Opção.

Quando há Botões de Opção dentro de um mesmo Quadro, eles se tornam mutuamente exclusivos. Uma utilização típica é o exemplo acima, uma vez que só deve ser possível a escolha de um único sexo.

### 4.3.8. Caixa de Combinação (ComboBox)

Caixa de Combinação é o elemento de controle que permite a seleção de um valor em uma lista ou a digitação de um valor que não esteja na lista.

Figura 62 – Ícone que representa a Caixa de Combinação na Caixa de ferramentas.

Principais propriedades:

Value – valor associado à Caixa de Combinação após a interação com o usuário;

RowSource – região da planilha Excel de onde vêm os dados que alimentarão a Caixa de Combinação;

ColumnCount – número de colunas que aparecerão na Caixa de Combinação;

BoundColumn – número da coluna da qual sairá a resposta;

ColumnWidths – largura, em pontos, de cada coluna da Caixa de Combinação;

ControlSource – célula para conter o valor selecionado da Caixa de Combinação;

DropButtonStyle – tipo do botão que aparece na Caixa de Combinação (*default* 1 – botão tipo seta);

MatchEntry – regra para comparar entrada na lista
- 0 – cada letra começa nova palavra;
- 1 – cada letra completa o nome;
- 2 – não há regra de comparação.

MatchRequired – só consegue sair da Caixa de Combinação se entrar com um valor válido;

ShowDropButtonWhen – quando mostrar a seta da Caixa de Combinação (nunca, sempre, quando ferramenta estiver selecionada); e

Style –
- 0 – pode digitar ou selecionar;
- 2 – só pode selecionar.

A seguir é apresentada a criação de uma Caixa de Combinação para escolha do nível de escolaridade. Digite na planilha Excel, em Plan1, as informações conforme a Figura 63:

| | A | B |
|---|---|---|
| 1 | Fundamental | 0 |
| 2 | Médio | 1 |
| 3 | Superior | 2 |
| 4 | Mestrado | 3 |
| 5 | Doutorado | 4 |

Figura 63 – Dados para criação de uma
Caixa de Combinação para escolha do nível de escolaridade.

Coloque em um UserForm uma Caixa de Combinação e preencha as seguintes propriedades:

Caption – Nível de Escolaridade;

RowSource – Plan1!A1:B5 – carrega na Caixa de Combinação os dados da Figura 63;

Style – 2 – para evitar que o usuário tente digitar algum valor;

BoundColumn – 2 – o valor da coluna B é associado à escolha do usuário. Caso o usuário selecione nível superior, o valor 2 fica associado à propriedade Value da Caixa de Combinação; e

ColumnCount – caso o usuário deseje visualizar as colunas A e B na Caixa de Seleção, atribua ColumnCount=2. O *default* é mostrar apenas a primeira coluna do RowSource.

A Figura 64 mostra a Caixa de Combinação com as propriedades listadas anteriormente.

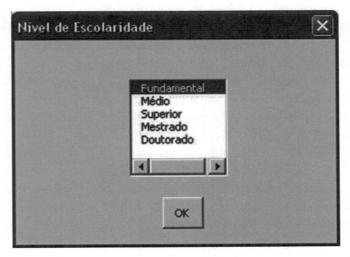

Figura 64 – Exemplo de uma Caixa de Listagem para escolha de nível de escolaridade.

### 4.3.9. Caixa de Listagem (ListBox)

A Caixa de Listagem é um elemento de controle similar à Caixa de Combinação, com duas diferenças básicas: a Caixa de Listagem permite a seleção de um ou mais valores de uma lista, porém não permite a digitação de um valor que não esteja na lista.

Na seleção simples, a Caixa de Listagem tem funcionamento similar ao de uma Caixa de Seleção. Na escolha múltipla, pode-se fazer uso das teclas Ctrl e Shift, como no Windows.

Figura 65 – Ícone que representa a Caixa de Listagem na Caixa de ferramentas.

Principais propriedades:

RowSource – região da planilha Excel de onde vêm os dados que alimentarão a Caixa de Listagem;

ColumnCount – número de colunas que aparecerão na Caixa de Listagem;

BoundColumn – número da coluna da qual sairá a resposta;

ColumnWidths – largura, em pontos, de cada coluna da Caixa de Listagem;

ControlSource – célula para conter o valor selecionado da Caixa de Listagem;

MatchEntry – regra para comparar entrada na lista
- 0 – cada letra começa nova palavra;
- 1 – cada letra completa o nome;
- 2 – não há regra de comparação.

MultiSelect
- 0 – seleção simples;
- 1 – seleção múltipla;
- 2 – seleção múltipla que faz uso das teclas Ctrl e Shift como no Windows.

Nas seleções múltiplas (MultiSelect = 1 ou 2), há três propriedades de consultas para permitir o tratamento das possíveis várias escolhas:

ListCount – número de elementos presentes na Caixa de Listagem;

Selected(i) – possui valores "True", se está selecionado, ou "False" caso contrário, para cada um dos elementos ListCount da lista. O acesso ao primeiro elemento da lista se faz com i = 0.

List(i,j) – retorna o valor de um elemento da lista – "i" é a posição do elemento na lista e "j" é a coluna do valor desejado. "i" e "j" começam de 0.

É possível acessar determinado elemento da lista através da propriedade List(i,j), mesmo que o item não esteja selecionado.

Para o exemplo do item anterior, feito agora com Caixa de Listagem e seleção múltipla, preencha as mesmas propriedades e acrescente MultiSelect = 1. Teste este mesmo exemplo com MultiSelect = 2 e note a diferença na hora de proceder à seleção de múltiplos valores. Com o valor 1, é possível selecionar mais de uma opção, simplesmente clicando com o mouse. Já com o valor de MultiSelect = 2 é necessário usar, junto com a seleção, a tecla Ctrl, para selecionar mais de uma opção. A Figura 66 é a Caixa de Listagem com as propriedades descritas.

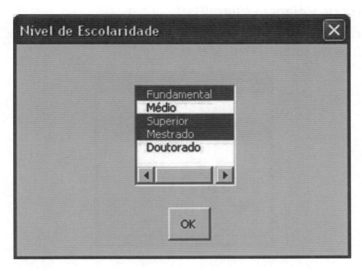

Figura 66 – Exemplo de uma Caixa de Listagem com seleção múltipla para escolha do nível de escolaridade.

A Macro 13 apresenta um exemplo para acessar os valores selecionados na Caixa de Seleção da Figura 66, para o caso de MultiSelect = 1 ou 2.

```
Private Sub CommandButton1_Click()

    For n = 0 To ListBox1.ListCount - 1
        If ListBox1.Selected(n) = True Then
            MsgBox ListBox1.List(n, 0)
        End If
    Next

End Sub
```

Macro 13 – Exemplo de acesso à Caixa de Listagem com seleção múltipla.

Quando ListBox1.Selected (n) é igual a "True", isso significa que o item índice "n" foi selecionado. ListBox1.List (n,0) acessa a informação da primeira coluna do elemento índice "n". A Caixa de Listagem, apesar de mostrar apenas uma coluna de informações, pode retornar a informação relativa a uma outra coluna de dados. Por exemplo, se ListBox1.List (n,1) for utilizado, retornará a informação da segunda coluna da Figura 63, isto é, um número de 0 a 4. A instrução If será mais bem explicada no Capítulo 7 e a instrução de repetição For será apresentada no Capítulo 6.

## 4.3.10. Barra de Rolagem (ScrollBar)

Barra de Rolagem é o elemento de controle utilizado para retornar ou definir o valor de um outro controle, de acordo com sua posição.

Figura 67 – Ícone que representa a Barra de Rolagem na Caixa de ferramentas.

Principais propriedades:
    Value – valor retornado pela Barra de Rolagem; e
    Max e Min – valores máximo e mínimo associados à Barra de Rolagem.

Exemplo de uma Barra de Rolagem que varia de 20 a 50 e escreve o valor corrente em uma Caixa de Texto.

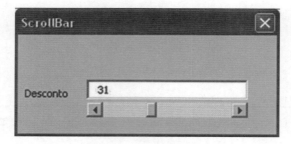

Figura 68 – Exemplo de uma Barra de Rolagem que varia entre 20 e 50.

## 4.3.11. Botão de Rotação (SpinButton)

Botão de Rotação é um elemento de controle similar à Barra de Rolagem, utilizado também para retornar ou definir o valor de outro controle. A maior diferença entre esses elementos está na forma de interação.

Figura 69 – Ícone que representa o Botão de Rotação na Caixa de ferramentas.

Principais propriedades:
    Value – valor retornado pelo Botão de Rotação; e
    Max e Min – valores máximo e mínimo associados ao Botão de Rotação.
Mesmo exemplo da Figura 68, porém utilizando um Botão de Rotação.

Figura 70 – Exemplo de um Botão de Rotação que varia entre 20 e 50.

## 4.3.12. Multipágina (MultiPage)

Multipágina é o elemento de controle utilizado para otimizar o espaço destinado ao Formulário e agrupar informações correlatas. São criadas diversas páginas sobrepostas e apenas uma delas é mostrada por vez. As propriedades de cada página são alteradas independentemente. Caso sejam colocados elementos de controle em uma página, estes não aparecem nas demais.

Figura 71 – Ícone que representa a Multipágina na Caixa de ferramentas.

Ao se incluir uma Multipágina em um Formulário, aparecem, por default, duas Páginas de nomes Page1 e Page2. Para alterar seus nomes, mude a propriedade Caption de cada página.

Exemplo de uma Multipágina com duas páginas: Pessoais e Profissionais. Verifique que cada página tem seus próprios elementos de controle.

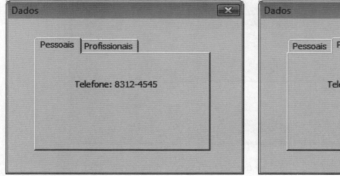 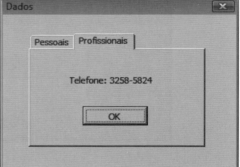

Figura 72 – Exemplo de Multipágina com duas páginas: "Profissionais" e "Pessoais".

### 4.3.13. TabStrip (TabStrip)

TabStrip é um elemento de controle similar à Multipágina. Também são criadas diversas páginas sobrepostas onde apenas uma delas é mostrada por vez, porém, caso sejam colocados elementos de controle em uma página, estes aparecem nas demais. A funcionalidade destes controles deve ser implementada individualmente para cada página.

Figura 73 – Ícone que representa a TabStrip na Caixa de ferramentas.

Ao se incluir uma TabStrip em um Formulário, aparecem, por default, duas Tabs de nomes Tab1 e Tab2. Para alterar seus nomes, clique com o botão direito na Tab desejada e escolha a opção Renomear. Há também a possibilidade de associar uma tecla de atalho a cada Tab, nesse mesmo menu.

Exemplo de uma TabStrip com duas páginas: Pessoais e Profissionais. Os elementos de controle são os mesmos para ambas as páginas.

 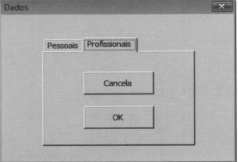

Figura 74 – Exemplo de TabStrip com as páginas "Pessoais" e "Profissionais".

TabStrips são mais difíceis de usar do que Multipágina porque exigem programação de quais comandos serão habilitados em cada aba. Recomenda-se, portanto, trabalhar com Multipágina sempre que possível.

### 4.3.14. RefEdit (RefEdit)

RefEdit é o elemento de controle destinado a selecionar dinamicamente um intervalo em uma planilha. É o mesmo elemento de controle que aparece na entrada de dados da geração de gráficos no Excel.

Figura 75 – Ícone que representa o RefEdit na Caixa de ferramentas.

Exemplo da interface de um RefEdit:

Figura 76 – Interface de um RefEdit.

### 4.3.15. Imagem (Image)

É o elemento de controle que permite a inclusão de uma imagem em um Formulário. Aceita arquivos nos formatos .bmp, .gif, .jpg, .cur, .ico e .wmf.

Figura 77 – Ícone que representa a Imagem na Caixa de ferramentas.

Principais propriedades:
    Picture – nome do arquivo da imagem a ser mostrada; e
    PictureSizeMode – tamanho da imagem no espaço escolhido.

### 4.3.16. Criação do Formulário Principal do Sistema de Controle de Vendas

Nesta seção, será criado o Formulário principal do Sistema de Controle de Vendas, que fará uso da maioria dos elementos de controle descritos anteriormente.

Abra um arquivo novo denominado "ComprasMatriz.xls", entre no VBE e crie um User-Form. Redimensione-o conforme a Figura 78.

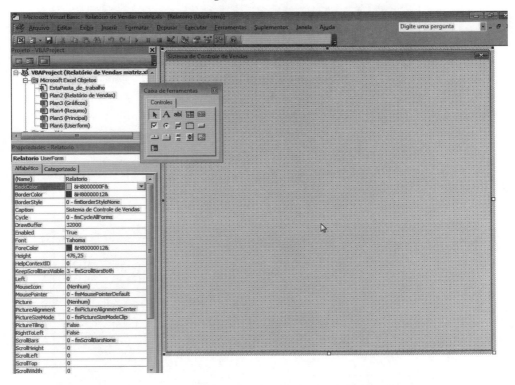

Figura 78 – Formulário principal do Sistema de Controle de Vendas.

Alteração das propriedades do Formulário

Name – nome interno do Formulário usado pelo VBA – Relatorio;

BackColor – cor de fundo do Formulário – selecionar a aba Paleta e a cor desejada, no caso azul-marinho, conforme a Figura 79.

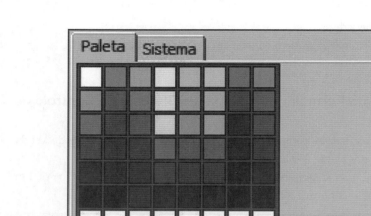

Figura 79 – Seleção da cor de fundo através da aba Paleta.

Border Color – cor da borda do Formulário – selecionar a aba Paleta e a cor amarela;
Fore Color – cor do texto – selecionar a aba Paleta e a cor amarela;
Caption – nome que aparecerá no Formulário – Sistema de Controle de Vendas.

**Inserção dos Quadros**
Inserir cinco quadros conforme a disposição mostrada na Figura 80.

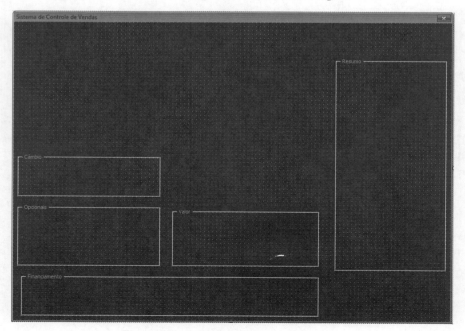

Figura 80 – Inserção dos cinco Quadros.

Alterar o nome e o título de cada Quadro usando as propriedades Name e Caption.

Frame1:

Name: FrCambio

Caption: Câmbio:

Frame2:

Name: FrOpcionais

Caption: Opcionais:

Frame3:

Name: FrFinanciamento

Caption: Financiamento:

Frame 4:

Name: FrValor

Caption: Valor:

Frame 5:

Name: FrResumo

Caption: Resumo:

É recomendável iniciar os nomes com as letras "Fr" para indicar que estes elementos de controle são Frames. Procedimento análogo deve ser adotado com os demais elementos de controle.

**Inserção dos Botões de Comando**

Inserir dois botões; um para Cadastrar e outro para Cancelar. Sua disposição e tamanho são mostrados na Figura 81.

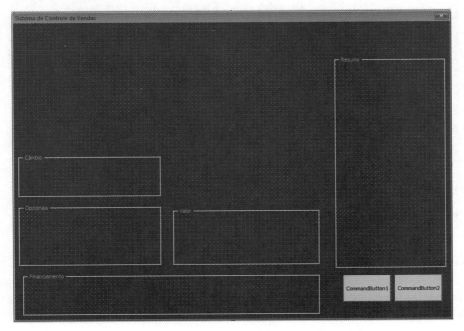

Figura 81 – Inserção dos dois Botões de Comando.

Troque a propriedade Name do Botão da esquerda para BtOk e do Botão da direita para BtCancelar. As letras "Bt" servem para indicar que se trata de Botões de Controle.

Na propriedade Caption é possível editar o nome do botão ou inserir uma imagem. No presente sistema, serão inseridas imagens, que podem ser encontradas no site do livro. O usuário também pode usar outra imagem qualquer de sua preferência. Para tanto, na propriedade Picture, escolha uma imagem para cada botão. As imagens escolhidas são mostradas na Figura 82.

Figura 82 – Imagens dos Botões para cadastrar e cancelar.

**Inserção das Caixas de Texto**

Insira cinco Caixas de Texto e altere a propriedade Name de cada uma delas para TbNome, TbTelefone, TbDesconto, TbValor e TbValorTotal, conforme a Figura 83. As letras "Tb" são para indicar que os elementos de controle são caixas de Texto (TextBox).

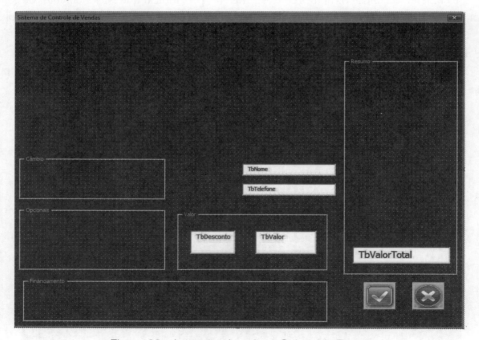

Figura 83 – Inserção das cinco Caixas de Texto.

Os textos que aparecem nas Caixas de Texto se referem à propriedade Text. Na Figura 83, são apenas para indicar as Caixas de Texto criadas e não devem aparecer no Formulário definitivo.

Configure as propriedades Font de cada Caixa de Texto para aumentar a letra e mudar a fonte de acordo com sua preferência.

### Inserção das Caixas de Listagem

Inserir três Caixas de Listagem e alterar a propriedade Name de cada uma delas para: LbCarro, LbCor e LbResumo. As letra "Lb" servem para indicar que os elementos de controle são Caixas de Listagem (List Box). Na LbResumo, altere também a propriedade BackColor para azul e a ForeColor para amarelo. A Figura 84 mostra o posicionamento das Caixas de Texto. Os textos no interior das Caixas de Texto são apenas ilustrativos e não aparecem no Formulário.

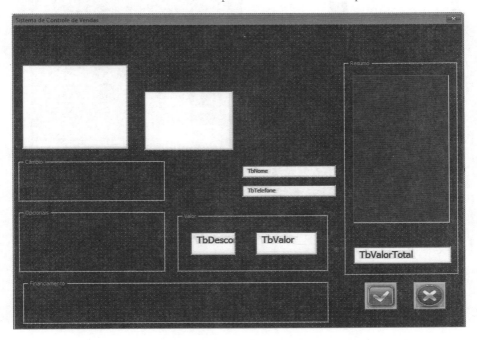

Figura 84 – Inserção das três Caixas de Listagem.

Os valores das Caixas de Listagem serão preenchidos posteriormente.

### Inserção dos Botões de Opção

Insira os cinco Botões de Opção, conforme a Figura 85, e altere o nome e o título de cada Botão de Opção usando as propriedades Name e Caption.

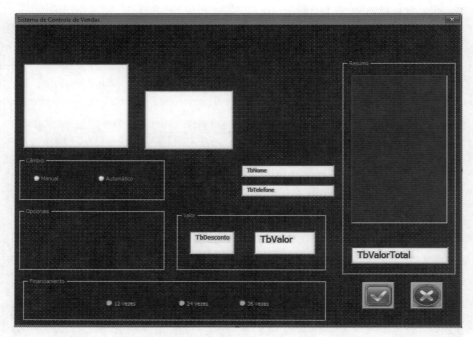

Figura 85 – Inserção dos Botões de Opção.

Name: ObManual
Caption: Manual
Name: ObAutomatico
Caption: Automático
Name: Ob12x
Caption: 12 vezes
Enabled: False
Name: Ob24x
Caption: 24 vezes
Enabled: False
Name: Ob36x
Caption: 36 vezes
Enabled: False

As propriedades Enabled, dos Botões de Opção, estão configuradas como "False", pois somente poderão ser utilizadas quando o Botão de Ativação estiver selecionado. Este assunto será abordado no Capítulo 14.

Conforme já mencionado, Botões de Opção localizados em um mesmo Quadro são mutuamente exclusivos, como no caso do câmbio e do financiamento.

### Inserção das Caixas de Seleção

Insira as três Caixas de Seleção, conforme a Figura 86, e altere o nome e o título de cada Caixa de Seleção usando as propriedades Name e Caption.

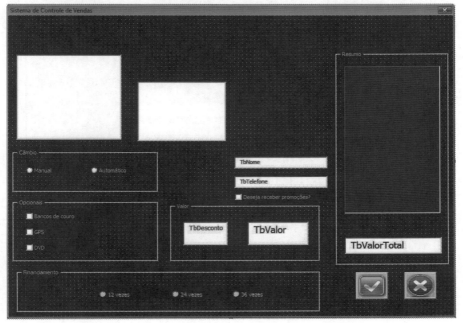

Figura 86 – Inserção das Caixas de Seleção.

    Name: CbCouro
    Caption: Bancos de Couro
    Name: CbGPS
    Caption: GPS
    Name: CbDVD
    Caption: DVD
    Name: CbPromocoes
    Caption: Deseja receber aviso de promoções?

Diferentemente dos Botões de Opção, as Caixas de Seleção não são mutuamente exclusivas, portanto, é possível a seleção de mais de um item Opcional.

### Inserção da Caixa de Combinação

Insira uma Caixa de Combinação conforme a Figura 87 e altere a propriedade Name para CoModelo. Esta Caixa de Combinação será usada para escolher o modelo do Carro: Luxo, Superluxo, Hiperluxo ou Ultraluxo. Esses valores serão preenchidos posteriormente.

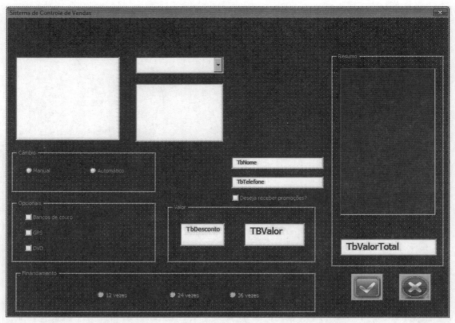

Figura 87 – Inserção da Caixa de Combinação.

**Inserção dos Rótulos**

Insira os Rótulos conforme a Figura 88 e altere o título de cada Rótulo usando a propriedade Caption. Não há necessidade de alterar a propriedade Name, pois esta não é usada na aplicação.

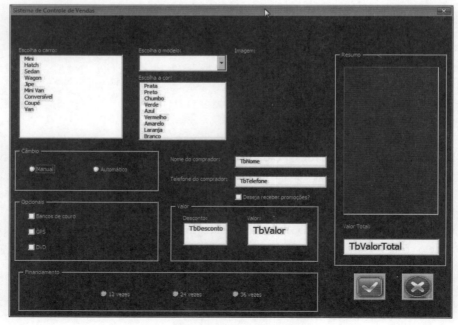

Figura 88 – Inserção dos Rótulos.

## Inserção da Barra de Rolagem

Insira uma Barra de Rolagem, conforme a Figura 89, que irá controlar o Desconto negociado com o comprador.

Figura 89 – Inserção da Barra de Rolagem.

Altere as seguintes propriedades:
    Name: SbDesconto
    Max: 30
    Min: 0
Definindo Max e Min desta forma, limita-se o desconto entre 0% e 30%.

## Inserção de uma Imagem

Insira uma Imagem que irá exibir a foto do carro selecionado. Altere a propriedade Name para ImCarro. Altere também a propriedade PictureSizeMode para 1 – fmPictureSizeModeStrech, a fim de que a figura redimensione seu tamanho de modo a caber no espaço da Imagem.

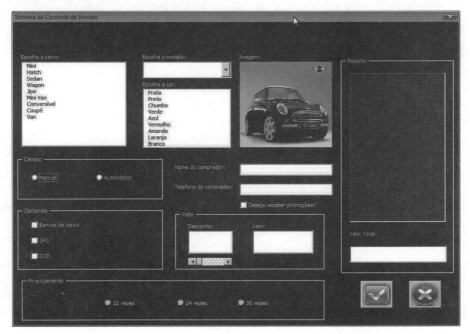

Figura 90 – Inserção de uma Imagem.

A imagem será preenchida de acordo com o veículo escolhido.

**Inserção do Botão de Ativação**

Adicione um Botão de Ativação que controlará o financiamento do carro, conforme a Figura 91. Caso esse botão esteja pressionado, isso significa que a compra será parcelada; caso contrário, a compra será feita à vista. O sistema permite dividir o pagamento em 12, 24 ou 36 vezes.

Figura 91 – Inserção do Botão de Ativação.

Altere as seguintes propriedades:
    Name – TbFinanciamento
    BackColor – escolha uma cor para o fundo do botão
    ForeColor – escolha uma cor para o texto
    Font – escolha a fonte do texto de sua preferência

O Formulário principal do sistema está pronto. Por meio de macros, são administrados todos os elementos de controle. Essas macros serão implementadas à medida que novos conceitos forem sendo introduzidos.

**Inserção de um título para o Formulário**

Para inserir um título ao Formulário, redimensione-o e selecione todos os controles com o auxílio de [cursor] e arraste-os para baixo. Crie, então, um novo Rótulo em cima de todos os controles, como na Figura 92.

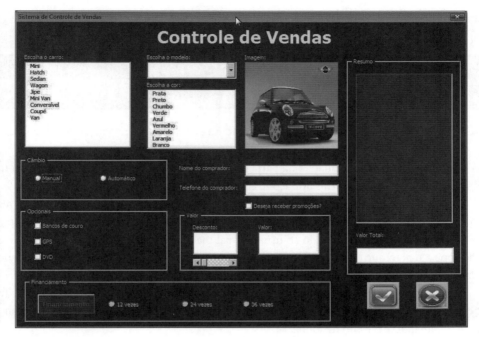

Figura 92 – Inserção de título.

Aperte Play ▶ e veja como o Formulário vai aparecer durante o funcionamento do sistema. O acionamento dos botões e algumas seleções já são possíveis, porém ainda não há ações relacionadas a eles. Note que, ao selecionar um tipo de câmbio, o outro tipo é desmarcado. Comportamento semelhante ocorrerá com o financiamento. No caso de opcionais, todos podem ser acessados, por se tratarem de Caixas de Seleção.

Aperte ⊠ para sair do Formulário e retornar ao VBE.

## 4.4. Elementos de Controle nas Planilhas e no Menu

Além dos elementos de controle nos Formulários, também é possível acrescentar elementos de controle nas planilhas. Existem quatro maneiras de criar esses elementos de controle.

- Formulários;
- Caixa de Ferramentas;
- Botões personalizados no Excel; e
- Desenho

### 4.4.1. Formulários

Os mesmos elementos de controle disponíveis na criação de um formulário, descritos anteriormente, estão disponíveis para planilhas através da opção Exibir/Barra de Ferramentas/Formulário, do menu do Excel. Ao escolher essa opção, aparece a janela mostrada na Figura 93.

Figura 93 – Janela Formulários para inserção de elementos de controle em planilhas.

Seu funcionamento é similar ao da Barra de Ferramentas do Formulário. Para acrescentar um controle, basta clicar e arrastar o ícone correspondente para o local desejado na planilha.

Por exemplo, para incluir um botão de comando em uma planilha, clique no ícone correspondente ao botão de comando e arraste-o para a planilha no local desejado. O Excel exibirá em seguida uma tela perguntando ao usuário qual macro deve ser associada a esse controle. Selecione a macro que deseja associar a esse botão. Toda vez que esse botão for pressionado, a macro associada será executada.

Clicando-se no botão de comando com o botão direito do mouse, é possível editar o texto. Precionando novamente o botão direito, é possível clicar em Formatar Controle e mudar a fonte, o tamanho e o estilo da fonte.

### 4.4.2. Caixa de Ferramentas

Através da opção Exibir/Barra de Ferramentas/Caixa de Ferramentas, do menu do Excel, também é possível acrescentar elementos de controle em planilhas. Os mesmos elementos da Seção 4.4.1 Formulários estão disponíveis, porém com uma interface para edição ligeiramente diferente. Ao escolher esta opção, aparece a janela da Figura 94.

Figura 94 – Janela Caixa de Ferramentas com seta indicando o ícone de propriedades.

Seu funcionamento é similar ao da Barra de Ferramentas do Formulário. Para acrescentar um controle, basta clicar e arrastar o ícone correspondente para o local desejado na planilha. Seu funcionamento é ainda mais próximo do apresentado na criação de elementos de controle em Formulários, pois há também uma janela de propriedades associada a cada elemento. Esta janela pode ser acessada através do ícone indicado por uma seta na Figura 94.

É possível associar uma macro a um botão de comando criado através da Caixa de Ferramentas. Para isso, dê um clique duplo no botão de comando e automaticamente será criada a macro CommandButton1_Click associada à planilha onde foi acrescentado o botão. É necessário, então, incluir o código desejado para esta macro.

É importante salientar que só é possível editar o botão de comando se o modo de Design estiver pressionado, indicado pela seta na Figura 95. Para que a macro correspondente possa ser executada, é necessário sair do modo de Design, o que é alcançado clicando-se mais uma vez nesse mesmo ícone.

Figura 95 – Janela Caixa de Ferramentas com ícone indicando o modo de Design.

### 4.4.3. Botões Personalizados no Excel

É possível, também, acrescentar botões personalizados na Barra de Ferramentas do Excel e associá-los a uma macro. Para isso, escolha a opção Exibir/Barra de Ferramentas/ Personalizar. Em seguida, na aba Comandos, escolha Macros na ListBox da esquerda e clique em Personalizar botão na ListBox da direita (Figura 96), arrastando-o para um local na Barra de Ferramentas do Excel que já contenha alguma ferramenta (Figura 97).

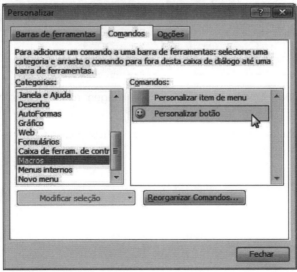

Figura 96 – Janela Exibir/Barra de Ferramentas/Personalizar, na aba Comandos.

Figura 97 – Inserção de um botão personalizado na Barra de Ferramentas do Excel.

É importante salientar que este botão criado fica na Barra de Ferramentas do Excel e não associado a um arquivo específico.

Para editar esse botão, é necessário deixar aberta a janela Personalizar e clicar com o botão direito no botão inserido. Surge, então, um menu com opções (Figura 98) para escolher a imagem do botão, o texto do botão e associar uma macro ao botão, entre outras.

Figura 98 – Opção para alteração da imagem associada ao botão.

É possível, também, criar sua própria imagem do ícone usando a opção "Editar imagem do botão...", da Figura 98.

Figura 99 – Editor da imagem do botão personalizado.

## 4.4.4. Desenho

Por fim, é possível associar macros a imagens ou a textos através da opção Exibir/Barra de Ferramentas/Desenho. Escolhida esta opção, aparece uma barra de desenho na parte inferior do Excel. Ao inserir um texto, imagem ou desenho, clique com o botão da direita do mouse sobre o objeto inserido e associe uma macro (Figura 100).

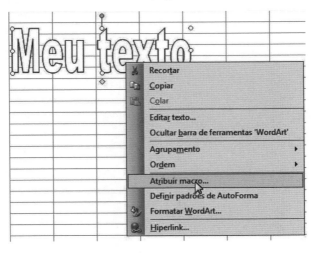

Figura 100 – Opção de atribuição de macro a um texto.

## 4.4.5. Elementos de Controle na Planilha Relatório de Vendas

Na planilha "Principal", escolha a opção Exibir/Barrra de Ferramentas/Formulário e crie dois botões. Ao primeiro botão deve ser atribuída a macro *programa*, que simplesmente carrega o formulário "Relatorio", através da instrução Relatorio.Show, e tem como texto "Cadastro de Vendas". O segundo deve chamar a macro *graficofaturamento* (Seção 16.2) e tem como texto "Relatório de Faturamento Mensal".

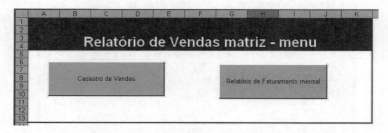

Figura 101 – Botões na planilha "Relatório de Vendas".

# Capítulo 5

## Acesso a Células e Variáveis

### 5.1. Células

Praticamente toda aplicação em VBA para o Excel tem por objetivo acessar e modificar valores de células de uma planilha. Há dois objetos mais utilizados de acesso a células: Cells e Range. Cells faz acesso a uma única célula, enquanto Range acessa um intervalo de células, que também pode ser uma única célula. Como todos os objetos, possuem métodos e propriedades associados a eles. Métodos são ações que podem ser desempenhadas por objetos, tais como selecionar, limpar etc., e propriedades são características do objeto, tais como valor, posição etc.

### 5.1.1. Cells

Uma célula é acessada através da instrução Cells(x,y), onde "x" é o número da linha e "y" é o número da coluna. Sua principal propriedade é o Value, que pode ser omitida por ser a propriedade *default*.

A instrução Cells(2,1).Value = 4 ou simplesmente Cells(2,1) = 4 coloca o valor 4 na célula A2.

Um método de Cells bastante utilizado é o Select ou Activate, que, como o nome indica, seleciona ou ativa determinada célula. Uma vez selecionada, ela passa a ser a célula ativa e pode ser acessada através do objeto ActiveCell, conforme mostra o exemplo na Macro 14.

```
Sub teste()
    Cells(2, 1).Activate
    ActiveCell = 4
End Sub
```

Macro 14 – Exemplo do método Activate e do objeto ActiveCell.

## 5.1.2. Range

Um intervalo de células é acessado através da instrução Range (cel_1, cel_2), onde "cel_1" e "cel_2" são as células inicial e final do intervalo, respectivamente. Essas células podem ser expressas de duas formas: ou através do objeto Cells, descrito anteriormente, ou pelo nome da célula, como, por exemplo, A2, B5 etc. Sua propriedade *default* é o Value. A instrução Range (Cells(1,1),Cells(5,3)) = 4 ou Range ("A1:C5") = 4 atribui o valor 4 às células que estão no intervalo de A1 até C5.

Um método de Range muito utilizado é o Activate, que ativa todo o intervalo indicado. Após essa instrução, a primeira célula do intervalo se torna a célula ativa. O exemplo abaixo ativa o intervalo A7:C12, porém atribui o valor 4 somente à célula A7.

```
Sub teste2()
    Range("A7:C12").Activate
    ActiveCell = 4
End Sub
```

Macro 15 – Exemplo do método Activate com o objeto Range.

## 5.2. Variáveis

Variáveis são espaços de memória alocados para armazenar valores durante uma aplicação. Toda linguagem de programação faz uso de variáveis, e o VBA não é exceção. Há linguagens de programação que obrigam a declaração de todas as variáveis sendo usadas. O VBA não exige isso, porém é uma prática recomendada. A declaração de uma variável consiste em indicar que tipo de valor poderá ser armazenado na variável. Caso seja usada uma variável não declarada, esta terá valor nulo e poderá armazenar qualquer tipo. Para forçar que todas as variáveis sejam declaradas, coloque como primeira instrução de sua aplicação a seguinte instrução:

    Option Explicit

Com essa opção, caso uma variável não declarada seja usada, aparecerá uma mensagem de erro como a da Figura 102.

Figura 102 – Mensagem de erro ao tentar usar uma variável não declarada tendo sido usada a instrução Option Explicit.

A sintaxe de declaração de uma variável em VBA é:

Dim *nome_da_variável* As *tipo_da_variável*

*Nome_da_variável* é o nome pelo qual se deve acessar a variável na aplicação VBA. Esse nome não pode iniciar com algarismos nem conter espaços em branco. O VBA não faz distinção entre letras maiúsculas e minúsculas nos nomes das variáveis, e ele pode ter até 255 caracteres.

*Tipo_da_variável* indica que tipo de informação poderá ser armazenada, que podem ser os seguintes:

- Variant – qualquer valor pode ser armazenado – tipo default;
- Single – número real com 4 bytes;
- Double – número real com 8 bytes;
- Integer – números inteiros na faixa -32768 a 32767 ;
- Byte – inteiros na faixa de 0 a 255;
- Long – inteiros na faixa -2147483648 a 2147483647;
- Boolean – valor booleano: true ou false (default);
- String – cadeia de caracteres;
- Currency – reais com até 15 dígitos inteiros e até 4 casas decimais; e
- Date – datas entre o período de 01/01/1900 a 31/12/9999.

Exemplos de declaração de variáveis:

    Dim idade As single

    Dim salario As currency

    Dim hoje As date

Uma outra maneira de declarar variáveis é usar sufixos nos nomes das variáveis, e os disponíveis são:

- % – integer
- & – long
- ! – single
- # – double
- @ – currency
- $ – string

Um exemplo de declaração usando sufixo é Dim nome$, que indica que a variável nome pode armazenar uma cadeia de caracteres.

Ao se declarar uma variável como string, pode-se indicar o número máximo de caracteres a serem armazenados. A sintaxe é:

    Dim *nome* As *string* (10)

Isso indica que a variável *nome* pode armazenar até 10 caracteres. Para acessar os caracteres individualmente, usa-se um índice. O índice do primeiro caractere é o 0. O exemplo abaixo teria nome(3) recebendo o valor "r".

    Nome = "Macros"

Observe que, para atribuir valores a uma variável em VBA, usa-se o símbolo "=", e valores de variáveis do tipo string devem ser fornecidos entre aspas.

## 5.2.1. Vetores e Matrizes

Vetores e matrizes são coleções de valores de um dos tipos descritos anteriormente. A sintaxe de sua declaração é:

Dim *nome_da_variável* (*dimensão*) As *tipo_da_variável* ou

Dim *nome_da_variável* (*intervalo*) As *tipo_da_variável*

*Dimensão* é um número inteiro que indica quantos são os elementos da coleção, também chamada de vetor. Os elementos são acessados por um índice iniciando por 0 e indo até *dimensão*-1.

*Intervalo* é fornecido na forma (A to B), onde A e B são números inteiros que indicam o limite do intervalo de índices válidos.

Exemplo de declaração de vetores e sua forma de acesso:

Dim *nomes* (8) As *string*

Dim *dia* (4 To 10) As *integer*

*nome* (0) = "VBA"

*dia* (5) = 40

É possível declarar coleções com índices multidimensionais, comumente chamadas de matrizes. Sua sintaxe de declaração é similar à dos vetores:

Dim *nome_da_variável* (*indice_1, indice_2*) As *tipo_da_variável*

*Indice_1* e *indice_2* podem ser uma dimensão ou intervalo.

## 5.2.2. Classificação das Variáveis

Há ainda uma classificação das variáveis quanto ao seu escopo de utilização e tempo de vida, a saber:

- Global – existe durante toda a aplicação, e todas as macros podem acessá-la. É declarada antes de todas as macros;
- Local – é declarada dentro de uma macro, existe somente enquanto a macro está sendo utilizada e é visível somente por esta macro; e
- Static – é declarada dentro de uma macro, mantém seu valor ao longo de toda a aplicação, porém só é visível pela macro onde foi declarada.

A Macro 16 apresenta um exemplo da declaração de uma variável Static.

```
Sub variaveis()
    Static a As Integer
End Sub
```

Macro 16 – Exemplo de declaração de uma variável Static.

No exemplo da Macro 17, há três notas de um aluno nas células C2, C3 e C4. Deseja-se acessá-las, calcular a média aritmética e colocar o resultado na célula C5. Note que as quatro variáveis foram declaradas como variáveis locais do tipo single. Perceba, também, que uma célula pode ser acessada para fornecer valores (C2, C3, C4) ou para receber valores (C5).

```
Sub calculamedia()

    Dim media As Single, n1 As Single
    Dim n2 As Single, n3 As Single

    n1 = Cells(2, 3)
    n2 = Cells(3, 3)
    n3 = Cells(4, 3)
    media = (n1 + n2 + n3) / 3
    Cells(5, 3) = media

End Sub
```

Macro 17 – Exemplo que calcula a média de valores obtidos de três células.

| | A | B | C | D |
|---|---|---|---|---|
| 1 | | | | |
| 2 | | Nota 1 | 8 | |
| 3 | | Nota 3 | 8.2 | |
| 4 | | Nota 4 | 6.3 | |
| 5 | | Média | 7.5 | |
| 6 | | | | |

Figura 103 – Resultado da macro calculamedia.

### 5.2.3. Strings

No VBA há diversos operadores e funções para manipulação de strings. A seguir serão apresentados os mais relevantes, com exemplos de sua utilização.

- Operador &

Os operadores & ou + servem para fazer a concatenação de Strings.

O exemplo na Macro 18 mostra uma concatenação de strings no sentido de formar um intervalo, técnica comumente usada.

```
Sub regiao()

    Dim CellInicial As String, CellFinal As String
    Dim Intervalo As String

    CellInicial = "b1"
    CellFinal = "c5"
    Intervalo = CellInicial & ":" & CellFinal
    Range(Intervalo).Select

End Sub
```

Macro 18 – Exemplo de concatenação para formar um range.

Este exemplo é útil quando as células inicial e final de um intervalo não são conhecidas *a priori*, sendo obtidas ao longo da aplicação.

- Função InStr

Esta função retorna à posição de um conjunto de caracteres dentro de uma string, conforme exemplo a seguir.

pos = InStr ("carro", "a")

A variável "pos" receberá o valor 2, pois a letra "a" está na posição 2 do string "carro". Caso o caractere não seja encontrado, InStr retorna 0.

- Função Left

Esta função retorna uma string, a partir do corte de uma string, pela esquerda, de acordo com o número de caracteres fornecido, conforme exemplo a seguir.

Esquerda = Left ("carro",2)

A variável "Esquerda" receberá o valor "ca", sendo o resultado do corte da string "carro" em dois caracteres, a partir da esquerda.

- Função Right

Esta função retorna uma string, a partir do corte de uma string, pela direita, de acordo com o número de caracteres fornecido, conforme exemplo a seguir.

Direita = Right ("carro",2)

A variável "Direita" receberá o valor "ro", sendo o resultado do corte da string "carro" em dois caracteres, a partir da direita.

- Função Mid

Esta função corta a string a partir da esquerda, como a função Left, porém retorna a segunda parte da string, incluindo o caractere indicado pela posição de corte.

Corta = Mid ("carro",2)

A variável "Corta" receberá o valor "arro", pois a string "carro" foi cortada a partir da esquerda, em 2 caracteres, retornando a parte da direita.

- Função Len

Esta função retorna o número de caracteres ocupados por uma string. Seu nome vem do ingles length.

comp = Len ("carro")

A variável "comp" receberá o valor de 5, pois esse é o número de caracteres ocupados pela string "carro".

- Funções UCase e LCase

As funções UCase e LCase convertem os caracteres de uma string para letras maiúscula e minúscula, respectivamente.

Var = UCase (Var)

A variável, do tipo string, "var" receberá seu valor em letras maiúsculas.

### 5.2.4. Exemplos com Strings

- Exemplo 1

Suponha que exista um código de produto de uma empresa qualquer que segue a seguinte característica:

Código do produto-localização/Número do fornecedor

X2KN-201/020

Ou seja, neste exemplo, o produto tem código X2KN, está no armazém número 201 e foi entregue pelo fornecedor número 020.

A Macro 19 trata esta string para descobrir qual é a localização do armazém.

```
Sub codigostring()

    produto = "X2KN-201/020"

    pos = InStr(produto, "-") ' localiza o traço
    produto = Mid(produto, pos + 1) ' retorna "201/020"

    pos = InStr(produto, "/") ' localiza a barra
    produto = Left(produto, pos - 1)   ' retorna 201

    MsgBox "A localização do produto é " & produto & "."
End Sub
```

Macro 19 – Macro para localizar parte de uma string dentro de outra.

Primeiramente, a macro localiza onde está o caractere "-", através da instrução IntStr (produto, "-"). Em seguida, obtém a parte da string a partir do "-", utilizando a função Mid. Novamente com a função IntStr, localiza onde está o caractere "/", para finalmente obter o string referente à localização do produto com a função Left. O resultado final é 201, que é mostrado em uma caixa de mensagem.

Execute a macro com F8 e observe, a cada passo, os valores das variáveis sendo atualizados.

- Exemplo 2

A Macro 20 recebe um número de telefone somente com algarismos e o transforma em um formato com DDD e traço.

```
Sub telefone()

    tel = InputBox("Entre o telefone com DDD", "Telefone")
    tel = format(tel, "(00)0000-0000")

    MsgBox "O telefone do usuário é " & tel & "."
End Sub
```

Macro 20 – Macro que formata um número de telefone.

O usuário deve inserir seu telefone somente com algarismos, e a macro o formata com parênteses para o DDD e traço depois do quarto número do telefone[6].

- Exemplo 3

No Exemplo 2, o usuário pode inserir letras no lugar de números. Para que o usuário insira somente números na caixa de texto, é necessário fazer um controle conforme a Macro 21.

---

[6] Formatação de dados numéricos é abordada na Seção 5.2.7.

```
Sub telefone2()
    Do
        tel = InputBox("Entre o telefone com DDD", "Telefone")
    Loop Until (Len(tel) = 10 And IsNumeric(tel)) Or tel = ""

    If tel <> "" Then ' se valor não for nulo
        tel = Format(tel, "(00)0000-0000")
        MsgBox "O telefone é " & tel & "."
    End If
End Sub
```

Macro 21 – Macro que força a entrada somente de algarismos em uma Caixa de Texto.

A macro é executada até que o número de telefone fornecido tenha 10 caracteres e que haja somente algarismos[7]. Caso uma dessas condições não seja atendida, a macro não é finalizada, a não ser que o botão "Cancelar" seja pressionado (tel = ""). Em uma aplicação mais profissional, deveria haver uma mensagem para o usuário avisando o tipo de erro cometido.

O mesmo tipo de controle pode ser usado para controlar a entrada de CEPs.

### 5.2.5. Conversão de Tipos

No VBA, há funções disponíveis que fazem a conversão de uma expressão numérica ou string para determinado tipo.

Um exemplo típico da necessidade da conversão de tipos ocorre quando um número é inserido em uma TextBox. É intuitivo pensar que este número seja tratado como uma string (texto), uma vez que se trata de uma Caixa de Texto. Caso seja necessário fazer operações matemáticas com este valor, a operação não poderá ser realizada, pois é impossível fazer operações matemáticas com textos. Fica clara, portanto, a necessidade de se converter esta string para número inteiro (Integer) ou números de maior precisão, como Single e Double.

Segue-se uma lista das funções de conversão disponíveis:
- CBool(expressão) – retorna um valor booleano;
- CByte(expressão) – retorna um byte;
- CCur(expressão) – retorna um currency;
- CDate(expressão) – retorna uma data;
- CDbl(expressão) – retorna um double;
- CInt(expressão) – retorna um inteiro;
- CLng(expressão) – retorna um inteiro longo;
- CSng(expressão) – retorna um single;
- CStr(expressão) – retorna uma string; e
- CVar(expressão) – retorna um variant.

---

[7] Estruturas de repetição são abordadas no Capítulo 6.

Caso seja necessário tranformar uma string oriunda da TextBox1 para um número inteiro, single e double, deve-se usar:

numero = CInt(TextBox1)
numero = CSng(TextBox1)
numero = CDbl(TextBox1)

## 5.2.6. Verificação de Tipos

Há disponíveis funções para verificação do tipo de uma variável. As principais estão listadas a seguir:

- IsNumber – verifica se é número;
- IsNumeric – verifica se é um número. A diferença para IsNumber é que pode ser também uma fórmula ou um string.
- IsDate – verifica se é data;
- IsText – verifica se é texto;
- IsError – verifica se é erro;
- IsEmpty – verifica se é vazio;
- IsNull – verificar se é nulo (Null); e
- IsBlank – verifica se está em branco.

A Macro 22 apresenta um exemplo que testa se o valor de uma célula é uma data.

```
Sub ehdata()

    If IsDate(Range("A1")) Then
        MsgBox "Valor é data."
    Else
        MsgBox "Valor não é data."
    End If

End Sub
```

Macro 22 – Exemplo com o teste do tipo do valor contido em uma célula[8].

## 5.2.7. Formatação de Variáveis Numéricas

É possível especificar um formato para os valores numéricos usando-se a função Format. Esta função tem como primeiro parâmetro o valor numérico a ser formatado e como segundo parâmetro o formato desejado. Serão mostrados a seguir os principais formatos disponíveis.

Para especificar o número de casas decimais, basta indicar no segundo parâmetro da função quantas são as casas decimais desejadas, conforme exemplo a seguir.

Numero = Format (Numero, "0.000")

Neste caso, a variável "Numero" terá três casas decimais.

A Tabela 3 apresenta os principais formatos.

---

[8] A instrução If será melhor explicada no Capítulo 7.

| Aplicação | Formato |
|---|---|
| Casas decimais | "0.00" |
| Porcentagem | "0.00%" |
| Separação das ordens de milhar, milhão etc. | "#,###" |
| Dinheiro | "$#,###0.00" |
| Notação científica | "0.00E+00" |

Tabela 3 – Formatos possíveis para valores numéricos.

O formato de separação de ordens pode vir acrescido de casas decimais, como, por exemplo, "#,###0.00".

É possível, também, colocar caracteres que se desejam acrescentar entre os números, como, por exemplo, em números de telefone. A formatação Format(tel "(00)0000-0000") acrescenta parênteses e "-" a um número de 10 algarismos, na posição correspondente. O exemplo da Macro 20 mostra sua utilização.

### 5.2.8. Data

Há diversas funções de manipulação de datas.

A função Now retorna a data corrente, com hora, na ocasião de seu uso. A função Date retorna somente a data corrente. A partir de uma data, é possível extrair dia, mês, ano e hora, minuto e segundos, se houver, através das funções:

dia = Day (Now())
mes = Month (Now())
ano = Year (Now())
hora = Hour (Now())
segundo = Second (Now())

### 5.2.9. Exemplo com Data

A Macro 23 verifica se uma data fornecida pelo usuário tem um formato correto.

```
Sub conferedata()

    Do Until IsDate(data)
        data = InputBox("Entre a data de hoje", "Data")
    Loop

    MsgBox "A data de hoje é " & data & "."
    MsgBox "O dia de hoje é " & Day(data) & "."
    MsgBox "O mês de hoje é " & Month(data) & "."
    MsgBox "O ano de hoje é " & Year(data) & "."

End Sub
```

Macro 23 – Macro que verifica a formatação de uma data.

A instrução "IsDate" verifica se o formato da string fornecida pelo usuário na caixa de mensagem é compatível com uma data. Caso não seja uma data, a caixa de mensagem reaparece até que o usuário forneça uma data válida[9]. Se a data estiver correta, caixas de mensagem informarão a data completa: dia, mês e ano.

Ao fornecer a data "13/12/2016", por exemplo, observa-se que o dia será 13 e o mês, 12. Ao inserir a data "12/13/2016", observa-se, também, que o dia será 13 e o mês 12, ou seja, o VBE percebe que não existe o mês 13 e considera a data no formato americano, onde se escreve mês/dia/ano. Caso seja fornecida a data "13/13/2016", o VBA não a considera como data válida e retorna à estrutura de repetição.

---

[9] Estruturas de repetição serão apresentadas no Capítulo 6.

# Capítulo 6

## Estruturas de Repetição

No Capítulo 3, foi introduzido o conceito de macros e ensinado como gerar macros gravadas. O recurso de gravar macros é extremamente útil para o usuário, pois permite que se grave uma grande quantidade de tarefas sem que nos preocupemos com a sintaxe de programação do Visual Basic. Como já recomendado, use a gravação de macros sempre que possível.

Uma vez gravada a macro, é possível entrar no seu código e modificá-lo de forma que o código fique mais organizado. Muitas vezes, a gravação de macros gera códigos extensos e com informações desnecessárias. Para poder fazer modificações no código gravado ou gerar suas próprias macros, é necessário possuir conhecimentos básicos de programação, de variáveis e de acesso às células.

Há três maneiras de criar macros:
1) Gravar macros;
2) Programar uma macro – o usuário escreve os códigos de suas macros; e
3) Gravar macros e alterar o código para melhor atendê-lo.

A terceira técnica é a mais interessante e, usualmente, a mais utilizada. Há tarefas que não podem ser realizadas com macros gravadas e, portanto, devemos aprender como programá-las. Ao final deste capítulo, será mostrado como aplicar algumas técnicas de programação aqui expostas no Sistema de Controle de Vendas proposto.

No desenvolvimento de uma aplicação computacional, é preciso indicar onde os dados serão obtidos, qual processamento deve ser feito neles, quantas vezes tal tarefa deve ser executada (ou até quando) e onde devem ficar armazenados os resultados.

Este capítulo é dedicado às estruturas de repetição, responsáveis por indicar quantas vezes, ou até quando, determinada tarefa deve ser realizada. As estruturas de repetição não podem ser reproduzidas com macros gravadas. Para aqueles leitores não familiarizados com este conceito, pode haver uma certa dificuldade na assimilação. Sugere-se – se nos fosse permitido, nem sugeriríamos, ordenaríamos – que o monitor seja sempre dividido com as janelas do Excel e do VBE e que as macros sejam executadas utilizando-se F8 para visualizá-las passo a passo.

No VBA, há diversas estruturas de repetição. A maioria dos programadores usa duas ou três dessas estruturas, uma vez que têm comportamentos semelhantes. Neste livro, serão abordadas todas elas, porém, nos próximos capítulos, serão usadas apenas três. As estruturas de repetição disponíveis são:

- Do Until <condição>... Loop;
- Do While <condição>... Loop;
- While <condição> ... Wend;
- Do... Loop Until <condição>;
- Do... Loop While <condição>;
- For ... Next; e
- For Each ... Next.

Seguem-se descrições e exemplos de cada uma dessas estruturas:

## 6.1. Do Until <condição>... Loop

Esta estrutura executa determinadas instruções até que uma condição seja satisfeita. Em outras palavras, executa as instruções enquanto a condição não for satisfeita. Quando a condição é satisfeita, passa-se a executar a primeira instrução após o Loop. Caso a condição já esteja atendida no momento em que aparece esta estrutura, suas instruções não são executadas.

Na Macro 24, pretende-se escrever a palavra "VBA" da célula A1 até a célula A10, utilizando-se a estrutura Do until <condição> ... Loop.

```
Sub DoUntil1()
    Dim linha As Integer

    linha = 0
    Do Until linha = 10
        linha = linha + 1
        Cells(linha, 1) = "VBA"
        ' escreve VBA em cada linha
    Loop
End Sub
```

```
Sub DoUntil2()
    Dim linha As Integer

    linha = 0
    Do Until linha = 10
        linha = linha + 1
        Cells(linha, 1).Select
        ActiveCell = "VBA"
        ' escreve VBA em cada linha
    Loop
End Sub
```

Macro 24 – Exemplos que escrevem uma palavra em
10 linhas consecutivas com Do Until <condição> ... Loop.

Repare nos índices de Cells. O primeiro parâmetro, "linha", varia de 1 até 10 e refere-se à linha onde deve ser escrita a palavra "VBA". O segundo parâmetro é constante, igual a 1, pois se refere à coluna A. É importante notar que, ao fazer a instrução linha = linha + 1, apenas a variável "linha" é modificada. Nada acontece com a célula até que a instrução Cells (linha,1) = "VBA" seja executada.

As implementações citadas têm comportamentos similares, porém com sutis diferenças. No exemplo da esquerda, é atribuído o valor "VBA" às células sem antes selecioná-las. Neste caso, a célula que estiver ativa antes da instrução de repetição permanecerá como tal ao longo de toda a macro. No exemplo da direita, uma célula é selecionada antes de se atribuir valor a ela. Neste caso, ela se torna a célula ativa. Execute os dois exemplos e note a diferença.

A Macro 25, apresentada a seguir, escreve a palavra "VBA" em dez colunas consecutivas na primeira linha. Note que o código é bastante semelhante ao do exemplo anterior, mudando apenas a instrução Cells (1, coluna) = "VBA".

```
Sub DoUntil3()

    Dim coluna As Integer

    coluna = 0
    Do Until coluna = 10
        coluna = coluna + 1
        Cells(1, coluna).Select
        ActiveCell = "VBA" ' escreve VBA em cada coluna
    Loop

End Sub
```

Macro 25 – Exemplo que escreve uma palavra em 10 colunas consecutivas.

É possível também usar como condição o valor de uma célula da planilha. No exemplo da Macro 26 será escrita a palavra "VBA", iniciando na célula A1, em linhas consecutivas, até encontrar a palavra "fim". É importante certificar-se que há a palavra "fim" nesta coluna, senão a condição nunca será satisfeita e ocorrerá um erro quando se tentar acessar uma linha após a última existente no Excel.

```
Sub DoUntil4()
    Dim linha As Integer

    Cells(1, 1).Select
    Do Until ActiveCell = "fim"
        ActiveCell = "VBA"
        linha = linha + 1
        Cells(linha, 1).Select
    Loop
End Sub
```

Macro 26 – Exemplo que escreve uma palavra
em linhas consecutivas até encontrar a palavra "fim".

É importante ressaltar que a palavra procurada – no caso, "fim" – tem de estar escrita exatamente da mesma forma. Por exemplo, se estiver escrito em uma célula a palavra "Fim", a condição não será satisfeita.

Outra situação muito comum é querer realizar determinada tarefa até encontrar uma célula vazia. A Macro 27 apresenta um exemplo que percorre a coluna 1 incrementando o valor encontrado de uma unidade e colocando o resultado na coluna 2, até que seja encontrada uma célula vazia. Para isso, é usada a função predefinida do VBA denominada IsEmpty (célula), que retorna o valor "True" se a célula passada como parâmetro estiver vazia e o valor "False" caso contrário.

```
Sub DoUntil5()
    Dim linha As Integer

    Cells(1, 1).Select
    linha = 1
    Do Until IsEmpty(ActiveCell)
        Cells(linha, 2) = ActiveCell + 1
        linha = linha + 1
        Cells(linha, 1).Select
    Loop
End Sub
```

Macro 27 – Exemplo da função IsEmpty(ActiveCell).

## 6.2. Do While <condição>... Loop

Esta estrutura executa determinadas instruções enquanto uma condição seja satisfeita. Em outras palavras, executa as instruções até que a condição não seja mais satisfeita. Quando a condição torna-se falsa, passa-se a executar a primeira instrução após o Loop. Caso a condição seja falsa no momento em que aparece esta estrutura, suas instruções não são executadas.

Cabe ressaltar que esta estrutura de repetição tem funcionamento muito parecido com o da Do Until <condição>... Loop, com a diferença de que a condição de uma deve ser a negativa da condição da outra. Para exemplificar essa afirmação, é apresentada a Macro 28, com a mesma funcionalidade da macro DoUntil1 (Macro 24), sendo agora implementada com a instrução Do While <condição>... Loop. Repare que agora a condição é "linha < 10".

```
Sub DoWhile1()
    Dim linha As Integer

    linha = 0
    Do While linha < 10
        linha = linha + 1
        Cells(linha, 1) = "VBA"
    Loop
End Sub
```

Macro 28 – Exemplo que escreve uma palavra em 10 linhas consecutivas com Do While <condição> ... Loop.

## 6.3. While <condição> ... Wend

Esta estrutura tem funcionalidade idêntica à da estrutura Do While <condição>... Loop, descrita na Seção 6.2. Trata-se apenas de uma sintaxe diferente. O exemplo anterior é apresentado aqui com esta estrutura.

```
Sub while1()
    Dim linha As Integer

    linha = 0
    While linha < 10
        linha = linha + 1
        Cells(linha, 1) = "VBA"
    Wend
End Sub
```

Macro 29 – Exemplo que escreve uma palavra em 10 linhas consecutivas com While <condição>...Wend.

## 6.4. Do... Loop Until <condição>

Esta estrutura tem funcionamento análogo ao da estrutura Do Until <condição>... Loop. A diferença está no fato de que, na presente estrutura, a condição é testada ao fim da execução das instruções. Isso implica que o conjunto de instruções do Loop é executado pelo menos uma vez.

Para ilustrar sua utilização, será mostrado um exemplo, na Macro 30, que contém uma instrução de repetição dentro de outra. Deseja-se preencher as 10 primeiras linhas e as cinco primeiras colunas com o valor "Seu nome". Uma estrutura de repetição controlará a variação das linhas e uma outra a variação das colunas.

```
Sub DoUntil6()
    Dim lin, col As Integer

    Cells(1, 1).Select
    col = 1
    lin = 1

    Do
        Do
            Cells(lin, col).Select
            ActiveCell = "Seu nome"
            lin = lin + 1
        Loop Until lin > 10
        col = col + 1
        lin = 1
    Loop Until col > 5
End Sub
```

Macro 30 – Exemplo de uma estrutura de repetição Do... Loop Until dentro de outra.

## 6.5. Do... Loop While <condição>

Esta estrutura tem funcionamento análogo ao da estrutura Do While <condição>... Loop. A diferença está no fato de que, na presente estrutura, a condição é testada ao fim da execução das instruções. Isso implica que o conjunto de instruções do Loop é executado pelo menos uma vez.

O exemplo da Macro 29 implementado com a instrução Do... Loop While é mostrado a seguir.

```
Sub Dowhile2()
    Dim linha As Integer

    linha = 0
    Do
        linha = linha + 1
        Cells(linha, 1) = "VBA"
    Loop While linha < 10
End Sub
```

Macro 31 – Exemplo que escreve uma palavra em
10 linhas consecutivas com Do... Loop While <condição>.

## 6.6. For... Next

Esta estrutura tem como principal objetivo executar um conjunto de instruções um número conhecido de vezes. Sua sintaxe é:

>For <variável> = <valor incial> To <valor final>
>>    <conjunto de instruções>
>
>Next <variável>

O nome da variável ao lado de Next pode ser omitido.

É atribuído à variável o valor inicial e executado o conjunto de instruções. Ao atingir a instrução Next, o valor da variável é automaticamente acrescido de uma unidade. É, então, verificado se o valor da variável é menor ou igual ao valor final. Em caso afirmativo, o conjunto de instruções é executado novamente. Este processo se repete até que o valor da variável ultrapasse o valor final. Neste caso, passa-se para a primeira instrução após o Next.

A Macro 32 apresenta, com o uso da instrução For... Next, como escrever a palavra "VBA" em dez linhas consecutivas, iniciando-se na célula A1.

```
Sub For1()
Dim linha As Integer
    For linha = 1 To 10
        Cells(linha, 1) = "VBA"
    Next linha
End Sub
```

Macro 32 – Exemplo que escreve uma palavra em 10 linhas consecutivas com For... Next.

É possível modificar o incremento do For colocando a palavra Step logo após o valor final seguida do valor desejado para o incremento. No exemplo da Macro 33, seriam preenchidas com "VBA" apenas as linhas 1, 3, 5, 7 e 9, pois o incremento do For é de 2 unidades.

```
Sub For2()
    Dim linha As Integer

    For linha = 1 To 10 Step 2
        Cells(linha, 1) = "VBA"
    Next linha
End Sub
```

Macro 33 – Exemplo da instrução For... Next com incremento de duas unidades.

## 6.7. For Each ... Next

Esta estrutura é bastante diferente das outras apresentadas e não há similar em outras linguagens de programação, pois é específica para acessar objetos do Excel. Sua sintaxe é:

    For Each <coleção de objetos do Excel>
        <conjunto de instruções>
    Next <nome do objeto>

O conjunto de instruções é executado para cada objeto do Excel pertencente à coleção. O nome do objeto ao lado de Next pode ser omitido.

A Macro 34 apresenta um exemplo que acessa as várias células de um intervalo.

```
Sub ForEach()

    Range("A1:A9").Select
    For Each Cell In Selection
        Cell.Formula = "VBA"
        Cell.Interior.ColorIndex = 3
    Next Cell
End Sub
```

Macro 34 – Exemplo de acesso às células de um intervalo com For Each... Next.

Note que há o nome Cell ao lado da instrução For Each. Esse nome é escolhido pelo usuário e serve para acessar cada uma das células do intervalo selecionado. Esse acesso é feito automaticamente pela instrução For Each.

A instrução Cell.Interior.ColorIndex = 3 tem a finalidade de preencher o interior de uma célula com a cor de índice 3, vermelha. Há indices para diversas outras cores, os quais podem ser obtidos na ajuda do VBA.

# Capítulo 7

# Estruturas de Seleção

As estruturas de seleção são responsáveis por interromper o processamento sequencial de execução das instruções e, com base em uma condição, desviar o processamento para o caminho apropriado. São três as estruturas de seleção disponíveis, a saber:
- If Then Else End If;
- If Then ElseIf Else End If; e
- Select Case Else End Select.

## 7.1. If – Then – Else – End If

A sintaxe desta estrutura de repetição é:
If <condição> Then
    <instruções se a condição for verdadeira>
Else
    < instruções se a condição for falsa>
End If

Vale ressaltar que somente um dos dois blocos de instrução é executado e que, após sua execução, a primeira instrução após o End If será executada.

Um exemplo simples de sua utilização é mostrado na Macro 35.

```
Sub selecao1()

    If Range("A1") < 10 Then
        Range("A1") = 10
    Else
        Range("A1") = 0
    End If

End Sub
```

Macro 35 – Exemplo de uma instrução If Then Else End If.

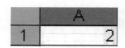 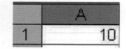

Figura 104 – Valores da Célula "A1" antes e depois da execução da macro selecao1, respectivamente.

Neste exemplo, está sendo utilizado o operador relacional "<" (menor)[10]. Conforme a Figura 104, a célula "A1" possuía valor 2 e, portanto, passa a receber o valor 10, visto que seu valor atende à condição da instrução If Range ("A1") < 0. Caso fosse um valor maior ou igual a dez, a célula "A1" receberia o valor 0.

## 7.2. If – Then – ElseIf – Else – End If

Esta instrução é uma extensão do If Then Else End If tradicional quando há diversas condições possíveis a serem atendidas. Sua sintaxe é:

If <condição 1> Then
    <instruções se a condição 1 for verdadeira>
ElseIf <condição 2> Then
    <instruções se a condição 1 for falsa e a condição 2 for verdadeira>
...
ElseIf <condição n> Then
    <instruções se todas as condições anteriores forem falsas e a condição n for verdadeira>
Else
    < instruções se todas as condições anteriores forem falsas>
End If

Um exemplo do uso desta estrutura é mostrado na Macro 36. Há algumas linguagens de programação que não têm explicitamente esta instrução, pois ela pode facilmente ser obtida com a combinação de algumas intruções If Then Else End If.

```
Sub selecao2()
    If Range("A1") < 10 Then
        Range("A1") = 10
    ElseIf Range("A1") < 20 Then
        Range("A1") = 20
    ElseIf Range("A1") < 30 Then
        Range("A1") = 30
    Else
        Range("A1") = 40
    End If
End Sub
```

Macro 36 – Exemplo de uma instrução If Then ElseIf Else End If.

---

[10] Outros operadores relacionais serão descritos na Seção 10.2.

É importante ressaltar que a condição Range ("A1") > 20 só será testada se a condição Range ("A1") > 0 for falsa e, analogamente à instrução If Then Else End If, somente um bloco de instruções for executado.

É muito comum que as estruturas de seleção apareçam combinadas com estruturas de repetição. A Macro 37 apresenta um exemplo com nomes de alunos na coluna A e suas respectivas médias na coluna B. Deseja-se escrever na coluna C as iniciais A para os alunos aprovados e "RM" para os alunos reprovados. Os alunos são considerados aprovados com média igual ou superior a 6.0. Neste exemplo, considera-se que o Excel está configurado para armazenar números reais com a casa decimal separada por ponto. Vale lembrar que, diferentemente do Excel, o VBA só representa casas decimais separadas por ponto.

```
Sub selecao3()
    Range("A1").Select
    x = 1
    Do While Not IsEmpty(ActiveCell)
        If Cells(x, 2) >= 6 Then
            Cells(x, 3).Activate
            ActiveCell.HorizontalAlignment = xlCenter 'centralizar
            Cells(x, 3).Value = "AP"
        Else
            Cells(x, 3).Activate
            ActiveCell.HorizontalAlignment = xlCenter 'centralizar
            Cells(x, 3).Value = "RM"
        End If
        x = x + 1
        Cells(x, 2).Activate
    Loop
End Sub
```

Macro 37 – Exemplo do uso de uma estrutura de repetição com uma instrução If Then Else End If.

|    | A        | B   | C  |
|----|----------|-----|----|
| 1  | Carla    | 6   |    |
| 2  | Carlos   | 8.7 |    |
| 3  | Cristina | 7   |    |
| 4  | Flavia   | 8.8 |    |
| 5  | Joao     | 8.7 |    |
| 6  | Jose     | 8   |    |
| 7  | Manoel   | 7.5 |    |
| 8  | Marcelo  | 5   |    |
| 9  | Marcia   | 8.2 |    |
| 10 | Milena   | 6.7 |    |
| 11 | Reinaldo | 6.5 |    |
| 12 | Ricardo  | 3   |    |
| 13 | Victor   | 3.4 |    |
| 14 | Vinicius | 9.4 |    |

|    | A        | B   | C  |
|----|----------|-----|----|
| 1  | Carla    | 6   | AP |
| 2  | Carlos   | 8.7 | AP |
| 3  | Cristina | 7   | AP |
| 4  | Flavia   | 8.8 | AP |
| 5  | Joao     | 8.7 | AP |
| 6  | Jose     | 8   | AP |
| 7  | Manoel   | 7.5 | AP |
| 8  | Marcelo  | 5   | RM |
| 9  | Marcia   | 8.2 | AP |
| 10 | Milena   | 6.7 | AP |
| 11 | Reinaldo | 6.5 | AP |
| 12 | Ricardo  | 3   | RM |
| 13 | Victor   | 3.4 | RM |
| 14 | Vinicius | 9.4 | AP |

Figura 105 – Coluna C preenchida com valores "AP" ou "RM" após a execução da macro selecao3.

Observar a instrução "Selection.HorizontalAlignment = xlCenter", que serve para centralizar o texto na célula. Há outras formas de alinhamento que podem ser obtidas na ajuda do VBA ou gravando uma macro com o alinhamento desejado.

A Macro 38 apresenta um exemplo no qual há mais de duas condições, o que torna a situação propícia para o uso da instrução If Then ElseIf Else End If. Pretende-se preencher na coluna D o prefixo de telefone referente ao estado da coluna C.

```
Sub selecao4()
    x = 3
    Cells(x, 3).Activate
    Do While Not IsEmpty(ActiveCell)
        If ActiveCell = "RJ" Then  ' caso Rio de Janeiro
            Cells(x, 4).Activate
            ActiveCell.HorizontalAlignment = xlCenter 'centralizar
            Cells(x, 4).Value = "21"
        ElseIf ActiveCell = "SP" Then  ' caso São Paulo
            Cells(x, 4).Activate
            ActiveCell.HorizontalAlignment = xlCenter 'centralizar
            Cells(x, 4) = "11"
        ElseIf ActiveCell = "MG" Then  ' caso Minas Gerais
            Cells(x, 4).Activate
            ActiveCell.HorizontalAlignment = xlCenter 'centralizar
            Cells(x, 4) = "31"
        Else  ' caso alternativo
            Cells(x, 4) = "Desconhecido"
        End If
        x = x + 1
        Cells(x, 3).Activate
    Loop
    Columns("D:D").EntireColumn.AutoFit
    ' redimensiona coluna para caber dados
End Sub
```

Macro 38 – Exemplo do uso de uma estrutura de repetição com a estrutura If Then ElseIf Else End If.

|    | A        | B         | C      | D       |
|----|----------|-----------|--------|---------|
| 1  | Nome     | Telefone  | Estado | Prefixo |
| 2  |          |           |        |         |
| 3  | Marcelo  | 2247-3412 | RJ     |         |
| 4  | Ricardo  | 2234-9023 | SP     |         |
| 5  | Joao     | 5795-1213 | SP     |         |
| 6  | Carla    | 9808-1012 | MG     |         |
| 7  | Marcia   | 8765-9087 | RJ     |         |
| 8  | Milena   | 3245-8076 | RJ     |         |
| 9  | Jose     | 2134-9065 | MG     |         |
| 10 | Fabrício | 3490-8765 | GO     |         |
| 11 | Fernanda | 2348-0634 | SP     |         |
| 12 | Lucia    | 7779-9871 | SP     |         |

(continua)

|   | A | B | C | D |
|---|---|---|---|---|
| 1 | Nome | Telefone | Estado | Prefixo |
| 2 |  |  |  |  |
| 3 | Marcelo | 2247-3412 | RJ | 21 |
| 4 | Ricardo | 2234-9023 | SP | 11 |
| 5 | Joao | 5795-1213 | SP | 11 |
| 6 | Carla | 9808-1012 | MG | 31 |
| 7 | Marcia | 8765-9087 | RJ | 21 |
| 8 | Milena | 3245-8076 | RJ | 21 |
| 9 | Jose | 2134-9065 | MG | 31 |
| 10 | Fabrício | 3490-8765 | GO | desconhecido |
| 11 | Fernanda | 2348-0634 | SP | 11 |
| 12 | Lucia | 7779-9871 | SP | 11 |

Figura 106 – Coluna D preenchida com um prefixo de telefone após a execução da macro selecao4.

Note que, caso apareça um estado não previsto pela macro, aparecerá a palavra "desconhecido" na coluna D referente a ele. A instrução "Columns("D:D").EntireColumn.AutoFit" tem a finalidade de ajustar a largura da coluna. É possível ajustar a largura de um conjunto de colunas contíguas, bastando, para isso, colocar como parâmetro de "Columns" a primeira e a última coluna, como, por exemplo, Columns("D:G"), que ajustará a largura das colunas de D a G.

## 7.3. Select – Case – Else – End Select

Trata-se de uma outra estrutura de seleção, também presente na maioria das linguagens de programação, que tem como finalidade comparar uma única expressão em relação a diversos possíveis valores. Sua sintaxe é:

Select Case <expressão>
Case <valor 1>
    <instruções se expressão igual a valor1>
Case <valor 2>
    <instruções se expressão igual a valor 2>
    ...
Case Else
    <instruções se expressão diferente de todos os valores anteriores>
End Select

<expressão> pode ser uma expressão numérica ou uma string. É importante salientar que somente um desses blocos de instrução é executado. Uma vez executado o bloco apropriado, a primeira instrução após o End Select será a próxima a ser executada.

A Macro 39 apresenta o mesmo exemplo descrito na seção anterior, implementado agora com a instrução Select Case Else End Select.

```
Sub selecao5()
    Dim x As Integer
    x = 3

    Cells(x, 3).Select
    Do While Not IsEmpty(ActiveCell)

        Select Case ActiveCell
            Case "RJ" ' caso Rio de Janeiro
                Cells(x, 4).Activate
                ActiveCell.HorizontalAlignment = xlCenter 'centralizar
                Cells(x, 4).Value = "21"
            Case "SP" ' caso São Paulo
                Cells(x, 4).Activate
                ActiveCell.HorizontalAlignment = xlCenter 'centralizar
                Cells(x, 4) = "11"
            Case "MG" ' caso Minas Gerais
                Cells(x, 4).Activate
                ActiveCell.HorizontalAlignment = xlCenter 'centralizar
                Cells(x, 4) = "31"
            Case Else ' caso alternativo
                Cells(x, 4) = "Desconhecido"
        End Select
        x = x + 1
        Cells(x, 3).Activate
    Loop
    Columns("D:D").EntireColumn.AutoFit
    ' redimensiona coluna para caber dados
End Sub
```

Macro 39 – Exemplo da estrutura de repetição Select Case Else End Select.

## 7.4. Exemplo com InputBox, Do Until <condição> Loop e If-Then-Else-End If

A seguir é apresentado um exemplo prático que envolve duas InputBox, estruturas de repetição e estruturas de seleção, para realizar o cálculo do faturamento em determinado mês de um ano específico.

Há uma InputBox para receber um valor numérico referente a um mês do ano. Esta InputBox deve certificar que o valor numérico fornecido esteja entre 1 e 12, inclusive, para representar um número de mês válido. O trecho de código na Macro 40 mostra o tratamento feito para garantir que um número válido seja fornecido.

```
Sub macro40()
    Do Until x = "ok"
        mes = InputBox("Selecione o mês de faturamento (1-12)", "Mês")
        mes = CInt(mes) ' converte texto recebido para número inteiro
        
        If mes < 1 Or mes > 12 Then ' numero errado
            x = "" ' valor não é valido
        Else
            x = "ok"
        End If
    Loop
End Sub
```

Macro 40 – Trecho de código que faz tratamento da entrada de um mês válido.

Uma InputBox recebe uma entrada do usuário e a atribui à variável "mês". Após convertida para inteiro (Cint(mês)), é testado se o valor está entre 1 e 12, para garantir que seja um mês válido. Caso seja válido, a variável "x" recebe o valor "OK" e o loop é terminado. Caso não seja um valor válido, a variável "x" recebe o valor "" e o loop não termina, apresentando novamente a InputBox para o usuário informar um novo mês.

O tratamento da entrada do valor do ano é feito de maneira análoga. Neste caso, no entanto, um ano válido é considerado superior a 2008, ano em que, hipoteticamente, iniciou-se o cadastramento das vendas.

Uma vez fornecidos o mês e o ano nos quais se deseja obter o faturamento, é necessário percorrer a planilha "Relatório de Vendas", na coluna referente à data (coluna 2), identificando as datas com mês e ano iguais aos fornecidos. Toda vez que uma data igual à fornecida for identificada, deve-se somar o respectivo valor da venda (coluna 14) a uma variável ("valor"), que armazenará o faturamento total.

A macro final (Macro 41) é mostrada a seguir.

```
Sub somavalor3()

    Do Until x = "ok"
        mes = InputBox("Selecione o mês de faturamento (1-12)", "Mês")
        mes = CInt(mes) ' converte texto recebido para número inteiro
        
        If mes < 1 Or mes > 12 Then ' numero errado
            x = "" ' valor não é valido
        Else
            x = "ok"
        End If
    Loop
    
    x = ""
    
    Do Until x = "ok"
        ano = InputBox("Selecione o ano de faturamento (exemplo: _
        2009)", "Ano")
        ano = CInt(ano) ' converte texto recebido para número inteiro
        
        If ano < 2008 Then ' ano errado
            x = "" ' valor não é valido
        Else
            x = "ok"
        End If
```

(continua)

```
    Loop

    ' percorrendo lista de vendas para achar total de soma no mes
    ' e ano escolhidos

    Sheets("Relatório de Vendas").Select ' seleciona a aba desejada
    Range("N2").Select ' seleciona a célula de inicio de valores de vendas

    x = 2 'inicia contador na posição de partida
    valor = 0 ' inicia variável que somará todos os valores

    Do Until ActiveCell = ""
        Cells(x, 14).Select '

        'verificar mês
        If Month(Cells(x, 2)) = mes Then
            ' verificar ano
            If Year(Cells(x, 2)) = ano Then
                valor = valor + ActiveCell
                ' soma o valor anterior com o novo
            End If
        End If
        x = x + 1
        Cells(x, 14).Select ' seleciona próxima célula da coluna N
    Loop

    MsgBox valor, , " O valor total é:"
End Sub
```

Macro 41 – Macro que calcula o faturamento de determinado mês do ano.

# Capítulo 8

## Associação de Código aos Elementos de Controle

No capítulo 4, foram apresentados os elementos de controle e suas principais propriedades. Há, também, associados a cada um desses elementos, métodos que devem ser implementados para realizar tarefas quando houver interação com o elemento de controle. Um exemplo típico de um desses métodos é qual ação deve ser tomada ao se acionar um Botão de Comando ou o que fazer ao se clicar em um item de uma Caixa de Combinação etc.

Alguns desses elementos de controle tipicamente não são interativos e, consequentemente, não têm métodos implementados. Exemplos desses controles são o próprio Formulário, Rótulo, Quadro, Multipágina, TabStrip e Imagem. Outros elementos são manipulados pelo usuário, mas muitas vezes servem como entrada de dados para outros controles e também não têm métodos associados. Exemplos desses controles são a Barra de Rolagem, o Botão de Rotação e o RefEdit.

Todos esses métodos são previamente criados, vazios, pelo VBA, como Private[11], isto é, só podem ser acessados pelos elementos de controle associados.

A seguir, serão apresentados os principais métodos associados a cada um dos elementos de controle.

### 8.1. Caixa de Texto

Como já mencionado, a finalidade da Caixa de Texto é receber um valor digitado pelo usuário e passá-lo para a aplicação (Figura 107). Portanto, usualmente não há métodos associados à Caixa de Texto. Entretanto, um método que pode ser útil é o *Change*. Este método é chamado cada vez que há uma alteração na Caixa de Texto, isto é, toda vez que um novo caractere é digitado. Pode ser útil para tratar caracteres não válidos, como, por exemplo, não

---

[11] Private é melhor explicado no Capítulo 9, que trata de funções e sub-rotinas.

deixar digitar "." na entrada de CPFs ou "-" na entrada de números de telefones. O exemplo na Figura 107 mostra uma macro que impede a entrada do caractere "-" na Caixa de Texto, denominada TextBox1.

Figura 107 – Caixa de Texto.

```
Private Sub TextBox1_Change()

    If InStr(Textobox1, "-") <> 0 Then ' existe traço
        MsgBox "Caracter Inválido"
    End If

End Sub
```

Macro 42 – Exemplo do método *Change* associado a uma Caixa de Texto.

Neste exemplo, é utilizada a função InStr[12], que verifica se o texto do segundo parâmetro está presente no texto do primeiro parâmetro[13]. Se estiver presente, retorna à posição dentro do primeiro string onde foi encontrado. Este método, além de dar uma mensagem de erro, retira o caractere inválido da Caixa de Texto. Note que há necessidade de uma variável global[14] para armazenar o valor da Caixa de Texto antes da inserção do caractere inválido.

## 8.2. Botão de Comando

O uso típico de um botão de comando é a chamada a uma macro, quando este é pressionado (Figura 108). Logo, o método principal deste elemento de controle é o *Click*.

Uma situação comum é o botão OK, que, ao ser pressionado, tem a função de fechar o formulário. O exemplo a seguir, relacionado ao Botão de Comando denominado CommandButton1, tem essa funcionalidade.

Figura 108 – Botão de Comando.

---

[12] Outras funções de manipulação de strings são apresentadas na Seção 5.2.3.
[13] A instrução if é apresentada no Capítulo 7.
[14] Variáveis são tratadas na Seção 5.2.

```
Private Sub CommandButton1_Click()
          Unload Me
End Sub
```

Macro 43 – Uso de um Botão de Comando para fechar um formulário.

O método *Unload* é responsável por fechar um formulário. O parâmetro "Me" indica que é para fechar o formulário onde se encontra o botão. *Unload* pode receber, como parâmetro, também, o nome de outro formulário que se deseja fechar.

## 8.3. Botão de Ativação

Conforme descrito anteriormente, um Botão de Ativação pode aparecer pressionado ou não pressionado (Figura 109), alternando sua propriedade Value (default) entre True e False, respectivamente. Há situações nas quais deseja-se realizar uma certa tarefa ao pressioná-lo. O método associado a essa ação é o *Click*.

A seguir é apresentado um exemplo que mostra uma mensagem ao se pressionar um Botão de Ativação, denominado ToggleButton1. A mensagem exibida indica se o botão já estava pressionado ou não.

Figura 109 – Botão de Ativação.

```
Private Sub ToggleButton1_Click()

    If ToggleButton1 Then
        MsgBox "Botão não estava pressionado"
    Else
        MsgBox "Botão estava pressionado"
    End If

End Sub
```

Macro 44 – Uso do método *Click* em um Botão de Ativação.

## 8.4. Caixa de Seleção

Este elemento de controle permite selecionar, ou não, determinado item (Figura 110). Usualmente não há métodos associados a este controle. Um possível uso é, ao se selecionar determinado item, habilitar ou desabilitar outro item. A Seção 8.6 mostra um exemplo com esta funcionalidade onde aparecem também Botão de Opção e Quadro, que ainda serão descritos.

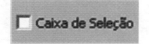

Figura 110 – Caixa de Seleção.

## 8.5. Botão de Opção

Elemento análogo à Caixa de Seleção, porém, caso estejam dentro de Quadros, se tornam elementos mutuamente exclusivos (Figura 111). A Seção 8.6 mostra um exemplo.

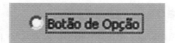

Figura 111 – Botão de Opção.

## 8.6. Quadro

Este elemento serve para agrupar física ou logicamente elementos de controle. Ao agrupar Botões de Controle, estes se tornam mutuamente exclusivos. A Figura 112 apresenta um exemplo envolvendo Caixas de Seleção, Botões de Opção e Quadro.

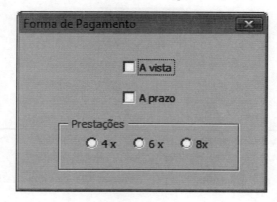

Figura 112 – Formulário para escolha da forma de pagamento.

Note que, inicialmente, o quadro de Prestações está desabilitado, isto é, a propriedade Enabled do elemento de controle Quadro está com valor "False". Ao se selecionar a Caixa de Seleção "A prazo", deve-se habilitar o Quadro. O código na Macro 45 mostra esse procedimento, associado ao método *Click* da Caixa de Seleção "A prazo".

```
Private Sub CheckBox2_Click()
    If CheckBox2 Then
        Frame1.Enabled = True
    Else
        Frame1.Enabled = False
    End If
End Sub
```

Macro 45 – Exemplo do uso de Caixa de Seleção, Botão de Opção e Quadro.

De acordo com o código, caso a Caixa de Seleção "A prazo" seja selecionada, o quadro fica habilitado, conforme mostra a Figura 113.

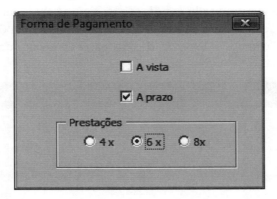

Figura 113 – Caixa de Seleção "A prazo" selecionada e Quadro de "Prestações" habilitado.

## 8.7. Caixa de Combinação

Uma Caixa de Combinação permite a seleção de um valor em uma lista ou a entrada de um valor que não esteja na lista (Figura 114). Usualmente não há métodos associados à Caixa de Combinação. A propriedade Value recebe um valor referente à escolha feita na Caixa de Seleção. Outras propriedades estão descritas na Seção 4.3.8.

Figura 114 – Caixa de Combinação.

## 8.8. Caixa de Listagem

Uma Caixa de Listagem permite a seleção de um ou mais elementos de uma lista (Figura 115). Usualmente não há métodos associados à Caixa de Listagem. Suas propriedades estão descritas na Seção 4.3.9.

Figura 115 – Caixa de Listagem.

## 8.9. Barra de Rolagem

A Barra de Rolagem usualmente fornece informação para algum outro elemento de controle. O método mais utilizado é o *Change*. A seguir é apresentado um exemplo de utilização do valor de uma Barra de Rolagem como dado para uma Caixa de Texto, conforme exemplo da Figura 67 – Exemplo de uma Barra de Rolagem que varia entre 20 e 50, aqui reproduzida.

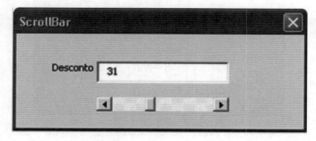

Figura 116 – Caixa de Texto usando informação de uma Barra de Rolagem.

```
Private Sub ScrollBar1_Change()
    TextBox1 = ScrollBar1
End Sub
```

Macro 46 – Método *Change* da Barra de Rolagem modificando uma Caixa de Texto.

## 8.10. Botão de Rotação

O Botão de Rotação tem funcionalidade similar à da Barra de Rolagem, mudando apenas a forma de interação com o usuário (Figura 117). O método mais utilizado também é o *Change*. O código similar ao exemplo da Macro 46 usando Botão de Rotação é mostrado a seguir.

Figura 117 – Botão de Rotação.

```
Private Sub SpinButton1_Change()
    TextBox1 = SpinButton1
End Sub
```

Macro 47 – Método *Change* do Botão de Rotação modificando uma Caixa de Texto.

## 8.11. RefEdit

O RefEdit serve para definir um intervalo de células para ser usado em uma aplicação, portanto, usualmente, não há métodos associados. O exemplo a seguir mostra o uso de um RefEdit para fornecer um intervalo a ser preenchido ou limpo ao se acionar o botão "Preencher Intervalo" ou "Apagar Intervalo", respectivamente.

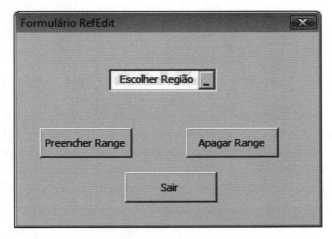

Figura 118 – Janela para seleção de intervalos utilizando um RefEdit.

```
Private Sub CommandButton1_Click()
    Dim MyRange As String
    MyRange = RefEdit1.Value
    Range(MyRange).Value = "teste"
End Sub

Private Sub CommandButton2_Click()
    Dim MyRange As String
    MyRange = RefEdit1.Value
    Range(MyRange).Value = ""
End Sub

Private Sub CommandButton3_Click()
    Unload Me
End Sub
```

Macro 48 – Código para preencher e limpar um intervalo fornecido por um RefEdit.

## 8.12. Exemplo com Botões e Caixa de Texto

O objetivo deste exemplo é inserir um texto na célula A1, da planilha "Principal", através de uma caixa de texto de um formulário.

Incialmente, insira um Userfom, conforme indicado na Figura 119.

Figura 119 – Inserção de um Userform através do ícone do menu do VBE.

Altere a propriedade Name do formulário para "Exemplo1". Altere, também, a propriedade Caption "Exemplo 1", que é o nome que aparecerá na parte de cima, à esquerda no Formulário.

Em seguida, insira dois botões (CommandButton), um Rótulo (Label) e uma Caixa de Texto (TextBox), conforme a Figura 120. Altere a propriedade Caption do primeiro botão para "Inserir", a do segundo botão para "Sair" e a do rótulo para "Insira o valor:".

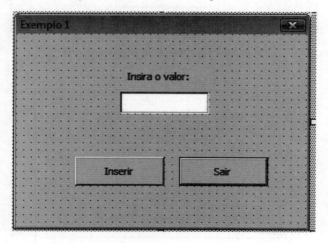

Figura 120 – Formulário Exemplo1 gerado.

Dê um clique duplo no segundo botão (CommandButton2) para invocar sua página de códigos. O VBE cria, automaticamente, a macro *CommandButton2_Click*. Essa macro será executada toda vez que o botão for pressionado. O objetivo desse botão é fechar o Formulário. Insira, então, o código Unload Exemplo1, conforme a Macro 49.

```
Private Sub CommandButton2_Click()

    Unload Exemplo1

End Sub
```

Macro 49 – Macro que fecha o formulário "Exemplo1".

Retorne para o formulário clicando em seu ícone, na janela de Projeto, mostrado na Figura 121.

Figura 121 – Ícone do formulário "Exemplo1" na janela de projeto.

Dê, agora, um duplo clique no botão 1 (CommandButton1). A macro *CommandButton1_Click* será criada. Esse botão será responsável por escrever o conteúdo da Caixa de Texto na célula A1 da planilha "Principal". Para isso, escreva o seguinte código:

```
Private Sub CommandButton1_Click()

    Sheets("Principal").Select
    Range("A1") = TextBox1

End Sub
```

Macro 50 – Macro que escreve na célula A1 o conteúdo de uma Caixa de Texto.

Feito isso, o userform está pronto para ser executado. Pressione , no menu do VBE, e o veja funcionando. Sua aparência é a da Figura 122.

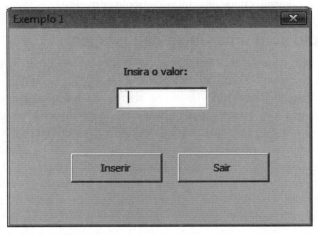

Figura 122 – Formulário "Exemplo1" em funcionamento.

Digite algum texto na caixa de texto e pressione o botão "Inserir". Observe o resultado: o texto inserido foi passado para a célula A1 da planilha "Principal".

Para sair do formulário, pressione o botão "Sair" ou clique no "X" no canto superior direito do formulário.

Volte à página de código do Userform Exemplo1. Dê um clique na parte cinza, ao lado da primeira linha da macro *CommandButton1_Click*, para inserir um *breakpoint* na macro (Figura 123). Um *breakpoint* indica ao VBA para dar uma pausa na execução do código sempre que alcançar aquele ponto.

```
Private Sub CommandButton1_Click()
    Sheets("Principal").Select
    Range("A1")= TextBox1   ' célula A1 recebe o valor de Texbox1
End Sub
```

Figura 123 – Inserção de um *breakpoint* na macro *CommandButton1_Click*.

Execute o formulário "Exemplo1", insira um texto na caixa de texto e pressione o botão "Inserir". Note que, no VBE, aparecerá uma linha amarela exatamente na linha onde está o *breakpoint* (Figura 124). Isso indica que esta será a próxima instrução a ser executada.

```
Private Sub CommandButton1_Click()
    Sheets("Principal").Select
    Range("A1")= TextBox1   ' célula A1 recebe o valor de Texbox1
End Sub
```

Figura 124 – Aplicação para no *breakpoint*.

Faça uso da tecla F8 para ver o funcionamento do programa passo a passo.

Para retirar o *breakpoint*, clique em cima do círculo vermelho.

## 8.13. Exemplo com uma Caixa de Listagem

Este exemplo tem como finalidade mostrar como acessar uma caixa de listagem e, com o valor selecionado, fazer uma busca em uma planilha.

Para este exemplo, insira um novo Userform, altere para "Preço" sua propriedade Name e para "Preço Básico de Carro" sua propriedade Caption. Caso a caixa de ferramentas não esteja aparecendo, clique em    para que ela surja novamente e para que possam ser inseridos elementos de controle no formulário.

Insira uma ListBox e altere para LbCarro sua propriedade Name.

Uma forma de carregar valores na caixa de listagem é através da propriedade RowSource, que, em português, significa fonte de dados. Para carregar as informações sobre carros, presentes na planilha "Userform", altere esta propriedade para "Userform!A2:A10", ou seja, planilha "Userform" de A2 até A10. Repare no uso de "!" para separar o nome da planilha do intervalo de valores.

Insira um CommandButton e altere para "BtProcurar" sua propriedade Name e para "Procurar" sua propriedade Caption.

Insira outro CommandButton e altere para "BtSair" sua propriedade Name e para "Sair" sua propriedade Caption.

Insira um Label e altere "O Preço básico é:" em sua propriedade Text.

Insira uma TextBox e altere a sua propriedade N para "TBPreço".

A Figura 125 é o formulário com os elementos de controle descritos anteriormente.

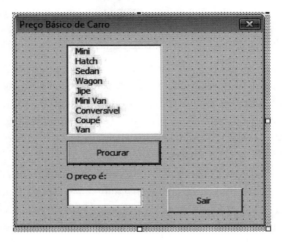

Figura 125 – Formulário para manipulação de uma caixa de listagem.

Uma vez criado seu Userform, o próximo passo é realizar sua programação. Dê um clique duplo no formulário ou em qualquer outro elemento de controle, e o VBE mostrará a região onde serão inseridos os códigos.

Clique na caixa de combinação da esquerda e aparecerão os nomes de todos os elementos de controle inseridos no Userform, conforme a Figura 126.

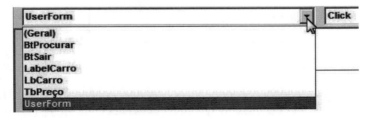

Figura 126 – Seleção de um elemento de controle a ser programado.

Escolha um item, por exemplo, BtProcurar, e clique na caixa de combinação da direita. Aparecerão todos os métodos (ações) que podem disparar macros, associados ao elemento de controle selecionado, conforme pode ser visto na Figura 127.

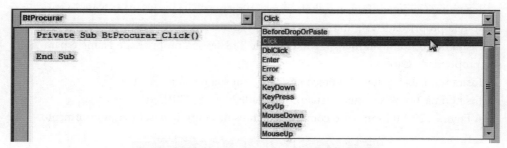

Figura 127 – Escolha de um evento, do elemento
de controle BtProcurar, a ser programado.

Caso se queira que determinada macro seja executada quando pressionarmos o botão "Procurar", deve-se escolher BtProcurar e depois a opção Click (é o exemplo da Figura 126). Existem macros para duplo clique, clique com botão direito, mudança de valor, mover mouse em direções, entre outros. A lista completa de cada elemento de controle pode ser pesquisada através da caixa de combinação da direita (Figura 127).

Neste exemplo, serão usadas apenas as macros associadas ao evento *Click*.

A seguir será mostrado o código associado ao botão "Sair". Dê um clique duplo neste botão ou escolha BtSair (na caixa de combinação da esquerda) e Click (na caixa de combinação da direita), conforme explicado anteriormente. A seguinte macro surgirá, sem código algum.

Figura 128 – Implementação da macro BtSair_Click.

Escreva o código da Macro 51:

```
Private Sub BtSair_Click()
    Unload Preço
End Sub
```

Macro 51 – Macro *BtSair_Click*.

Seu objetivo é descarregar o Userform "Preço", ou seja, fechá-lo e retirá-lo da memória.

Está implementada, a seguir, a Macro 52, associada ao botão "Procurar". Ela é parecida com a macro "procuravalor" (Macro 59). Entretanto, em vez de obter o valor de uma InputBox, será obtido o valor da TbCarro. A função Find é mais bem explicada na Seção 11.3.

```
Private Sub BtProcurar_Click()

    Carro = LbCarro.Value ' item selecionado na lista de carro

    Sheets("Userform").Select 'seleciona a aba "Userfom"
    Cells.Find(Carro).Activate
    ' procura a célula que contém o carro desejado e a ativa
    linha = ActiveCell.Row ' identifica a linha ativa
    col = ActiveCell.Column ' identifica a coluna ativa
    valor = Cells(linha, 2) ' acessa o valor do carro

    TbPreço = valor
End Sub
```

Macro 52 – Macro associada ao botão "Procurar".

Já é possível executar o programa e pesquisar os preços.

Para executar esta macro com F8, é preciso colocar um *breakpoint* na primeira linha da macro, como no exemplo anterior. Ao executar o formulário e procurar o valor da lista, a macro tentará ir adiante, mas será parada no *breakpoint*. A partir daí, será possível usar F8 para executá-la passo a passo.

# Capítulo 9

# Sub-rotinas e Funções

Funções e sub-rotinas são os dois tipos de macros disponíveis no VBA. Vimos anteriormente que, ao gravarmos uma macro, são criadas Subs, isto é, sub-rotinas. É possível também criar macros, denominadas funções, com utilização igual às funções disponíveis no Excel. Este capítulo é destinado a apresentar esses dois tipos de macro, apresentando também o conceito de parâmetros, que não estavam presentes na maioria dos macros criadas até agora. A diferença principal entre ambas está no fato de que função retorna um valor associado a seu nome e pode ser usada diretamente de uma célula Excel. Sub-rotinas são acessadas através de elementos de controle ou sendo chamadas por uma função.

## 9.1. Sub-rotinas

A sintaxe geral de uma sub-rotina é:

[Public ou Private] Sub <nome da sub-rotina> (<par1> As <tipo1>, ..., _
<parn> As <tipon>)
<instruções>
End Sub

Public ou Private são opcionais e serão explicados posteriormente. <par1>,..., <parn> são os parâmetros da sub-rotina e servem de interface entre quem está utilizando a sub-rotina e seu interior.

A seguir é apresentado um exemplo de uma sub-rotina que recebe dois parâmetros do tipo double e realiza sua multiplicação, colocando o resultado na célula ativa.

```
Sub multiplica(num1 As Double, num2 As Double)
    ActiveCell = num1 * num2
End Sub
```

Macro 53 – Exemplo de uma macro com dois parâmetros do tipo Double.

"*" é o operador de multiplicação[15].

Perceba que esta sub-rotina, para ser utilizada, terá de fornecer dois números como parâmetros. Isso implica dizer que ela não mais pode ser acessada usando diretamente a tecla F8 de dentro do ambiente VBE. Alguma outra macro terá de chamá-la, como no exemplo da Macro 54.

```
Sub testemult()
    multiplica 3, 4
    Call multiplica(3, 4)
End Sub
```

Macro 54 – Exemplo de como chamar uma sub-rotina com passagem de parâmetros.

Há duas formas de se chamar uma sub-rotina com passagem de parâmetros. Na primeira, basta usar o nome da sub-rotina seguido dos parâmetros, separados por vírgula. A segunda envolve utilizar a palavra reservada Call, seguida do nome da sub-rotina, com os parâmetros entre parênteses, separados por vírgula. Em ambos os casos, a sub-rotina *multiplica* escreverá 12 na célula ativa.

## 9.2. Funções

A sintaxe geral de uma função é:

[Public ou Private] Function <nome da função> (<par1> As <tipo1>,..., _
    <parn> As <tipon>) As <tipo da função>
        <instruções>
        <nome da função> = <valor de retorno>
End Function

A Macro 55 apresenta o exemplo de uma função que recebe dois parâmetros do tipo double e retorna sua multiplicação.

```
Function multiplicacao(num1 As Double, num2 As Double) As Double
    multiplicacao = num1 * num2
End Function
```

Macro 55 – Exemplo de uma função que retorna a multiplicação de dois números.

Há duas maneiras de se chamar uma função. A primeira é diretamente em uma célula Excel, usando o símbolo "=" antes do nome da função, seguido dos parâmetros entre pa-

---

[15] Operadores serão apresentados no Capítulo 10.

rênteses. A separação dos parâmetros deve seguir a sintaxe do Excel que está instalado na máquina. Se for em português, a separação é com ";" e a casa decimal é com ","; se for em inglês, a separação é com "," e a casa decimal é com ".". A segunda maneira de se chamar uma função é através de outra macro. Neste caso, o retorno da função deve ser atribuído a uma variável, por exemplo:

```
Sub testemultiplicacao()
    Dim resp As Double
    resp = multiplicacao(2, 3)
    MsgBox resp
End Sub
```

Macro 56 – Exemplo de como chamar uma função com passagem de parâmetros.

Quando uma função é chamada por outra macro, os parâmetros são sempre separados por vírgula.

## 9.3. Parâmetros por Valor e por Referência

A passagem de parâmetros pode ser classificada como por valor ou por referência. A passagem por valor indica que apenas um valor é transmitido para a macro, enquanto na passagem por referência é o endereço da variável que é passada como parâmetro. Há uma diferença considerável entre esses dois comportamentos.

Na passagem por valor, o parâmetro se comporta apenas como uma entrada para a macro. Qualquer modificação realizada dentro da macro não afeta a variável que serviu de parâmetro. Já na passagem por referência, o parâmetro tem um comportamento de entrada e saída, e modificações realizadas no interior da macro afetam diretamente a variável que serviu de parâmetro, uma vez que se trata de um endereço sendo transmitido. A Macro 57 mostra um exemplo para elucidar esses dois comportamentos.

```
Sub mult3(ByVal num1 As Double, ByVal num2 As Double, ByRef num3 As Double)
    num3 = num1 * num2 * num3
End Sub
```

Macro 57 – Exemplo de passagem de parâmetros por valor e por referência.

Note as palavras reservadas ByVal e ByRef, que indicam passagem por valor e por referência, respectivamente. O *default* é ByRef, diferentemente da maioria das outras linguagens de programação.

O parâmetro num3 é por referência e, portanto, terá seu valor alterado ao término da chamada à sub mult3. No exemplo da Macro 58, a variável n entra na sub mult3 com o valor 3 e, ao sair, estará com o valor 12, que é o produto 2 por 2 por 3. Caso o parâmetro num3 fosse por valor, iria manter seu valor original, 3.

```
Sub testemult3()
    Dim n As Double

    n = 3
    mult 3, 2, n
End Sub
```

Macro 58 – Exemplo do funcionamento do parâmetro por referência.

## 9.4. Parâmetros Opcionais

O VBA possibilita que uma macro tenha parâmetros opcionais, isto é, pode ser chamada com ou sem a presença deste parâmetro. O exemplo da Macro 59 mostra sua sintaxe e a forma de realizar a chamada à macro.

```
Function multopt(a As Double, b As Double, _ Optional c As Variant)
    If Not IsMissing(c) Then
        multopt = a * b * CInt(c)
    Else
        multopt = a * b
    End If
End Function
```

Macro 59 – Exemplo de uma função com parâmetro opcional.

A declaração de um parâmetro opcional se faz através da palavra reservada Optional e seu tipo tem de ser sempre Variant. A Macro 59 mostra o uso da função predefinida IsMissing, que verifica se o parâmetro opcional está ou não presente na chamada. Retorna "True" se o parâmetro está faltando e "False" caso contrário. A função CInt[16] converte um parâmetro para o tipo inteiro para poder realizar a operação de multiplicação. Possíveis chamadas para esta função são:

num = multopt (2,2,3)

num = multopt (2,2)

Caso o parâmetro opcional não seja o último, há necessidade de deixar um espaço em branco entre vírgulas no local correspondente a ele, quando da chamada à função. Supondo que o parâmetro opcional seja o segundo, uma possível chamada à macro hipotética teste poderia ser:

num = teste (2,, 3)

---

[16] Funções de conversão são apresentadas na Seção 5.2.5.

# Capítulo 10

# Operadores

## 10.1. Aritméticos

Os operadores aritméticos recebem valores numéricos como operandos e retornam um valor numérico. Os operadores aritméticos disponíveis no VBA são:
- \+ adição;
- \- subtração;
- \* multiplicação;
- / divisão;
- ^ potenciação; e
- Mod resto inteiro da divisão entre dois inteiros.

## 10.2. Relacionais

Os operadores relacionais usualmente recebem valores numéricos como operandos e retornam um valor booleano. São usados em condições das estruturas de repetição e de seleção. Os operadores relacionais disponíveis no VBA são:
- = igual a;
- <> diferente de;
- \> maior que;
- < menor que;
- \>= maior ou igual a; e
- <= menor ou igual a.

## 10.3. Lógicos

Operadores lógicos recebem como operandos valores booleanos e retornam um valor booleano. São muito usados na composição de condições compostas. Os operadores lógicos disponíveis no VBA são:

- And    retorna "True" somente se ambos os operandos forem "True";
- Or     retorna "False" somente se ambos os operandos forem "False";
- Xor    retorna "True" se um e somente um operando for " True"; e
- Not    tem como parâmetro um único valor booleano e retorna a negativa deste operando.

## 10.4. Concatenação de Strings

Os operadores "+" ou "&" fazem a concatenação entre dois strings. Exemplos de sua utilização estão apresentados na Seção 5.2.4.

# Capítulo 11

# Teclas e Funções Úteis

As teclas especiais do Excel, do tipo Ctrl + →, Ctrl + Shift + →, Ctrl + End, Ctrl + Shift + End etc., também podem ser utilizadas no VBA. Há também funções úteis, como a função Localizar, que devem ser usadas no VBA. Suas sintaxes, muitas vezes, não são simples, e o que usualmente é feito é a gravação do uso de tais teclas e funções para descobrir as instruções correspondentes. Os códigos das principais teclas especiais e funções são apresentados a seguir e, no final do capítulo, é mostrado como elas podem ser utilizadas na implementação do Sistema de Controle de Vendas proposto.

## 11.1. Ctrl + Direção

As teclas Ctrl + →, Ctrl + ↑, Ctrl + ↓, Ctrl + ← são destinadas à movimentação entre células no Excel. Serão usadas como exemplo as teclas Ctrl + →, e as demais têm comportamento análogo.

No exemplo da Figura 126, A1 é a célula ativa. Caso pressione-se Ctrl + →, a célula ativa passa a ser D1, ou seja, a primeira célula com valor à direita da célula ativa. Caso pressione-se Ctrl + → novamente, a célula ativa se torna F1, isto é, a última célula com valor à direita.

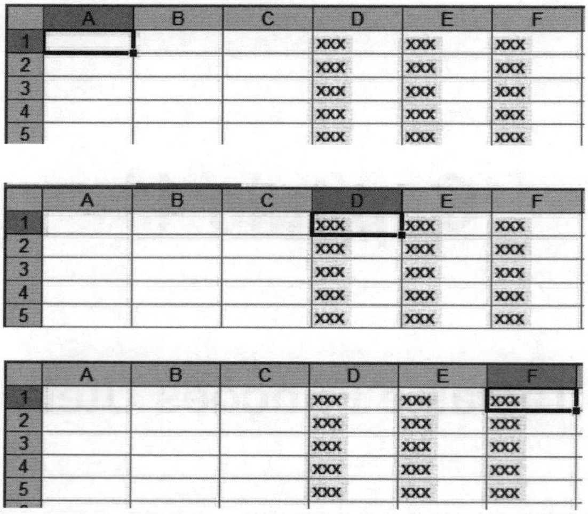

Figura 129 – Teclas Ctrl + → sendo pressionadas duas vezes a partir da célula ativa A1.

A instrução correspondente a Ctrl + → no VBA é Selection.End(xlToRight).Select. Com relação às demais teclas Ctrl + direção, tem-se:

- Ctrl + ↑                  Selection.End(xlUp).Select
- Ctrl + ↓                  Selection.End(xlDown).Select
- Ctrl + ←                  Selection.End(xlToLeft).Select
- Ctrl + End               Selection.SpecialCells(xlLastCell).Select
- Ctrl + Home            Range("A1").Select

## 11.2. Ctrl + Shift + Direção

As teclas Ctrl + Shift + ↓, Ctrl + Shift + →, Ctrl + Shift + ↑, Ctrl + Shift + ←, Ctrl + Shift + End, Ctrl + Shift + Home são destinadas à seleção de células no Excel. Serão usadas como exemplo as teclas Ctrl + Shift + →, e as demais têm comportamento análogo.

No exemplo da Figura 130, A1 é a célula ativa. Caso pressione-se Ctrl + Shift + →, serão selecionadas as células de A1 a D1, ou seja, todas as células à direita da célula ativa, que está vazia, até a primeira célula com valor. Caso pressione-se novamente, serão selecionadas, adicionalmente ao intervalo anterior, todas as células que contêm valor, isto é, serão acrescidas as células E1 e F1 ao intervalo anterior.

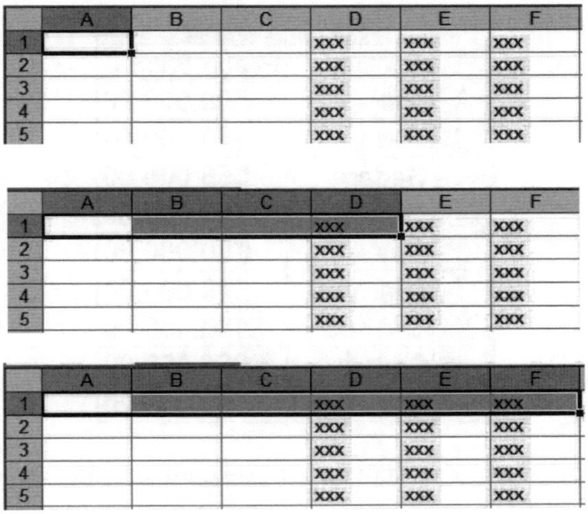

Figura 130 – Teclas Ctrl + Shift + → sendo pressionadas duas vezes a partir da célula ativa "A1".

A instrução correspondente a Ctrl + Shift + → no VBA é Range(Selection, Selection.End(xlToRight)).Select. Com relação às demais teclas Ctrl + Shift + direção, tem-se:

- Ctrl + Shift + ←      Range(Selection, Selection.End(xlToLeft)).Select
- Ctrl + Shift + ↑      Range(Selection, Selection.End(xlUp)).Select
- Ctrl + Shift + ↓      Range(Selection, Selection.End(xlDown)).Select
- Ctrl + Shift + End    Range(Selection, ActiveCell.SpecialCells(xlLastCell)).Select
- Ctrl + Shift + Home   Range(Selection, Cells(1,1)).Select

## 11.3. Função Localizar

É possível localizar se determinado texto ou valor numérico está presente em uma planilha através do método Find, associado ao objeto Cells. Seu uso será exemplificado utilizando as planilhas de dados do Sistema de Controle de Vendas proposto.

Na aba "Userform", há os tipos de carros e seus respectivos preços, conforme a Figura 131.

| | A | B |
|---|---|---|
| 1 | Carros | Preço básico |
| 2 | Mini | $30.000,00 |
| 3 | Hatch | $40.000,00 |
| 4 | Sedan | $55.000,00 |
| 5 | Wagon | $60.000,00 |
| 6 | Jipe | $90.000,00 |
| 7 | Mini Van | $70.000,00 |
| 8 | Conversíve | $100.000,00 |
| 9 | Coupé | $950.000,00 |
| 10 | Van | $80.000,00 |

Figura 131 – Aba "UserForm" com os tipos de carro e seus respectivos preços.

É apresentada a seguir a Macro 60, na qual o usuário fornece o nome do carro a fim de obter seu preço básico. Uma vez descoberta a linha em que o carro escolhido está, será possível acessar seu preço, que estará na mesma linha, porém na coluna 2.

```
Sub procuravalor()
    Dim carro As String
    Dim linha As Byte
    Dim valor As Currency

    Sheets("Userform").Select
    carro = InputBox("Escolha o automóvel: ", "Preço do Automóvel")
    Cells.Find(carro).Activate
    linha = ActiveCell.Row
    valor = Cells(linha, 2)
    MsgBox "o valor do carro é: " & valor & "."
End Sub
```

Macro 60 – Exemplo que procura um valor em uma célula e retorna outro valor da célula da coluna adjacente.

Caso seja fornecido um nome de carro inexistente, acontecerá um erro de execução. O livro aborda as medidas de Tratamento de Erros no Capítulo 18.

## 11.4. Um Uso de Tecla Especial no Sistema de Controle de Vendas

A seguir será apresentado como utilizar as teclas especiais na inclusão de uma nova compra em um banco de dados. No exemplo proposto, ao cadastrar uma nova venda, é preciso inserir os dados da aba "UserForm" na primeira linha vazia da aba "Relatório de Vendas". Para descobrir a primeira linha disponível, pode-se fazer uso das teclas especiais. A Macro 61 determina o número desta linha.

```
Sub linhadavenda()
    Dim linha As Integer

    Sheets("Relatório de Vendas").Select

    Range("A1").Select
    Selection.End(xlDown).Select   ' CTRL + seta para baixo
    linha = ActiveCell.Row + 1  ' primeira linha em branco

    MsgBox "A próxima venda será inserida na linha" & linha & "."
End Sub
```

Macro 61 – Macro que determina a primeira linha vazia de um relatório.

Este exemplo assume que os dados armazenados começam na célula A1.

# Capítulo 12

## Objetos, Propriedades e Métodos

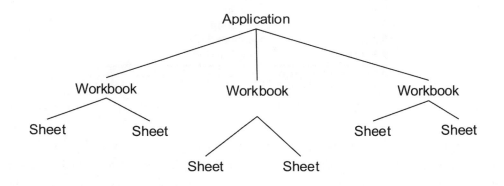

Figura 132 – A hierarquia dos objetos no Excel.

O Excel é composto por objetos, conforme hierarquia da Figura 132.

O programa Excel é um objeto do tipo Application. Este programa pode ter vários arquivos de Excel abertos que são objetos do tipo Workbook. Cada Workbook por sua vez contém diversas planilhas que são objetos do tipo Sheet.

Sheets são formadas por células. Sheet é o objeto que contém todas as células da planilha. Um conjunto de células é chamado de Range ou Cells. Cells, quando usada sem argumento, significa todas as células da planilha.

Cada um desses objetos possui métodos (ações) e propriedades (qualidades) próprios, que são usados na programação de macros.

Para se ter acesso a estes métodos e propriedades de cada objeto (classes), deve-se acessar a opção Exibir / Pesquisador de objetos do menu do VBE. Aparecerá a seguinte janela.

Figura 133 – Janela do Pesquisador de Objetos.

Na caixa de combinação superior, é possível escolher uma biblioteca de objetos. Por *default,* são apresentados os objetos de todas as bibliotecas, localizados na caixa de listagem da esquerda. Na caixa de listagem da direita estão os métodos e propriedades do objeto selecionado. Os métodos são representados pelo símbolo, e as propriedades pelo símbolo.

A seguir serão apresentados os principais métodos e propriedades dos objetos Application, Workbook e Worksheet.

## 12.1. Application

### 12.1.1. Principais Métodos

- **Application.OnKey (tecla, macro)**

Este método executa uma macro ao ser pressionada uma tecla de atalho. As teclas de atalho podem conter Shift, Alt e Ctrl, de acordo com a Tabela 4. Os símbolos desta tabela devem preceder as teclas de atalho.

| Teclas | Código |
|---|---|
| Shift | + |
| Alt | ^ |
| Ctrl | % |

Tabela 4 – Símbolos especias para teclas de atalho.

A Tabela 5 apresenta teclas especiais que podem ser usadas como teclas de atalho.

| Teclas | Código |
|---|---|
| BACKSPACE | {BACKSPACE} ou {BS} |
| BREAK | {BREAK} |
| CAPS LOCK | {CAPSLOCK} |
| CLEAR | {CLEAR} |
| DELETE ou DEL | {DELETE} ou {DEL} |
| END | {END} |
| ENTER (teclado numérico) | {ENTER} |
| ENTER | ~ (til) |
| ESC | {EscAPE} ou {ESC} |
| HELP | {HELP} |
| HOME | {HOME} |
| INS | {INSERT} |
| NUM LOCK | {NUMLOCK} |
| PAGE DOWN | {PGDN} |
| PAGE UP | {PGUP} |
| RETURN | {RETURN} |
| SCROLL LOCK | {SCROLLLOCK} |
| SETA PARA BAIXO | {DOWN} |
| SETA PARA CIMA | {UP} |
| SETA PARA DIREITA | {RIGHT} |
| SETA PARA ESQUERDA | {LEFT} |
| TAB | {TAB} |

Tabela 5 – Códigos para as teclas de atalho especiais.

A Macro 62 é um exemplo da utilização da macro Application.OnKey.

```
Application.OnKey "+P", "gridline"
Application.OnKey "+{ENTER}", "sair"
```

Macro 62 – Trecho de código com a utilização do método Application.OnKey.

No exemplo da Macro 62, Shift+P executa a macro *gridline,* e Shift+Enter executa a macro *sair.* A tecla Enter tem que ser do teclado numérico.

- **Application.OnTime (quando, macro, espera, programação)**

Este método executa uma macro na hora especificada pelo parâmetro *quando.* Caso a macro não puder ser executada no momento definido, pode haver um tempo de espera definido pelo parâmetro *espera.* O parâmetro programação deve ser "True" para definir um novo OnTime ou "False" para limpar o último OnTime. A Macro 63 apresenta um exemplo com a utilização do método Application.OnTime.

```
Application.OnTime Now + TimeValue("0:00:15"), "abrir"
```

Macro 63 – Trecho de código com a utilização do método Application.OnTime.

A função TimeValue recebe uma string como parâmetro indicando uma hora. No exemplo da Macro 63, quinze segundos. Now recebe a hora corrente do sistema. A macro *abrir* é executada quinze segundos após a chamada da instrução Application.OnTime.

- **Application.GetOpenFilename (string e filtro)**

Este método exibe a janela *default* do Office, mostrada na Figura 134, para abertura de um arquivo novo.

Figura 134 – Janela de abertura de arquivo exibida pelo método Application.GetOpenFilename.

Note que na janela da Figura 134, referente ao trecho de código da Macro 64, aparece a string "Arquivos *.xls" e só são exibidos os arquivos "*.xls", devido ao filtro especificado no parâmetro do método ApplicationGetOpenFilename. É importante notar que *string* e *filtro* estão contidos em uma única string.

```
arquivo = Application.GetOpenFilename("Arquivos *.xls,*.xls")
```

Macro 64 – Trecho de código com a utilização do método Application.GetOpenFilename.

- **Application.FindFile (arquivo)**

Este método retorna "True" ou "False" caso o arquivo passado como parâmetro exista ou não. Se a resposta for "True", o arquivo é automaticamente aberto.

- **Application.Quit**

Este método termina a aplicação corrente.

## 12.1.2. Principais Propriedades

- **Application.CutCopyMode**

Esta propriedade recebe os valores "True" ou "False". Deve ser usada após o uso do método Paste, presente em uma cópia ou movimentação de planilhas ou dados. Tem a finalidade de retirar da memória a informação sendo copiada ou movimentada. Um exemplo de sua utilização é mostrado na Seção 12.3.1, quando da explicação do método Worksheets.Paste.

- **Application.ScreenUpdating**

Esta propriedade recebe os valores "True" ou "False". O valor "False" tem a finalidade de congelar a atualização da aplicação, evitando que a tela fique "piscando" (*flickering*) durante uma atualização, algo que, na maioria das vezes, é desagradável. Ao atribuir o valor para "True", a aplicação assume todos os valores já atualizados. Comumente é atribuído o valor "False" antes de iniciar uma atualização de planilhas e "True" ao final desta atualização. A Macro 65 mostra um exemplo de sua utlização.

```
Sub screen()

    Application.ScreenUpdating = False

    'codigo que causa flickering
    '****************************

    Application.ScreenUpdating = True

End Sub
```

Macro 65 – Macro que desativa e ativa a propriedade ScreenUpdating.

- **Application.Visible**

Esta propriedade recebe os valores "True" ou "False". O valor "False" tem a finalidade de esconder a planilha Excel. Ao atribuir o valor "True", a planilha passa a ser visível novamente. Esta propriedade é muito útil caso não se deseje uma interação do usuário diretamente na planilha, para evitar eventuais erros. Neste caso, o usuário é forçado a acessar a planilha através de um formulário e de métodos a ele associados. A Macro 66 mostra um exemplo de sua utilização.

```
Sub visivel()

    Application.Visible = False

    'codigo onde o Excel não deve aparecer
    '***************************

    Application.Visible = True

End Sub
```

Macro 66 – Macro que torna o Excel invisível e visível.

- **Application.DisplayAlerts**

Esta propriedade recebe os valores "True" ou "False". O valor "False" impede que sejam exibidas as mensagens *default* do Excel, tais como "Deseja salvar o arquivo?", "Deseja apagar o arquivo?" etc.

```
Sub excluiraba()

    Application.DisplayAlerts = False

    Sheets("Plan1").Select
    ActiveWindow.SelectSheets.Delete

    Application.DisplayAlerts = True

End Sub
```

Macro 67 – Macro que remove uma planilha sem mensagem de aviso do Excel.

No exemplo da Macro 67, pretende-se excluir a planilha "Plan1" do arquivo, através do método Delete do objeto Worksheets[17], sem que seja gerada uma janela de confirmação do Excel. Esta janela de confirmação para a macro até que o usuário confirme o comando, o que pode ser indesejável durante a execução de um programa. Quando a exclusão de determinada planilha é realmente desejada, a propriedade Display Alerts deve ser desligada, a planilha é excluída e a propriedade posteriormente religada.

- **Application.DisplayFormulaBar**

Esta propriedade recebe os valores "True" ou "False". O valor "False" impede que seja mostrada a barra de fórmula do Excel.

---

[17] Os métodos de Worksheets serão apresentados na Seção12.3.1.

- **Application.DisplayFullScreen**

Esta propriedade recebe os valores "True" ou "False". O valor "True" exibe a planilha Excel em tela cheia.

- **Application.DisplayStatusBar**

Esta propriedade recebe os valores "True" ou "False". O valor "False" impede a exibição da barra de status. A barra de status é mostrada na Figura 135, com a mensagem "Pronto".

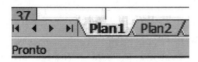

Figura 135 – Barra de status com a mensagem "Pronto".

- **Application.ActiveWindow.DisplayGridLines**

Esta propriedade recebe os valores "True" ou "False". O valor "False" faz com que as linhas do grid não sejam mostradas. Sua utilização na janela ativa poderia ser Application.ActiveWindow.DisplayGridlines = False, e o efeito provocado está mostrado na Figura 136.

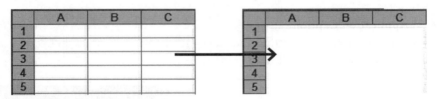

Figura 136 – Exemplo do efeito provocado ao fazer a propriedade DisplayGridlines = False.

- **Application.ActiveWindow.DisplayWorkbookTabs**

Esta propriedade recebe os valores "True" ou "False". O valor "False" impede que sejam mostradas as abas referentes às planilhas do arquivo.

- **Application.EnableAnimations**

Esta propriedade recebe os valores "True" ou "False". O valor "False" impede as animações que ocorrem no Excel, como, por exemplo, na inserção e exclusão de linhas e colunas.

- **Application.Workbooks.Path**

Propriedade de leitura que retorna o caminho de um arquivo aberto. Usualmente é usada concatenada ao nome de um arquivo para garantir que este arquivo estará no diretório corrente. A Macro 68 mostra um exemplo de sua utlização.

```
Sub caminho()

Dim caminho As String

    caminho = ActiveWorkbook.Path
    MsgBox caminho

End Sub
```

Macro 68 – Exemplo do uso da propriedade Path. À direita, a saída gerada pela macro *caminho*.

- **Application.StatusBar**

Esta propriedade recebe uma string que será escrita na barra de status do Excel. A Macro 69 apresenta um exemplo de sua utlização.

```
Application.statusbar = "Macro Executada"
```

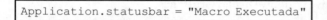

Macro 69 – Exemplo do uso da propriedade statusbar. À direita, a saída gerada com a macro.

- **Application.Caption**

Esta propriedade recebe uma string que será escrita na barra de título do Excel. A Macro 70 mostra um exemplo de sua utilização.

```
Application.caption = "Macro Executada"
```

Macro 70 – Exemplo do uso da propriedade caption.
À direita, a saída gerada com a macro.

## 12.2. Workbook

O objeto Workbook é um membro da coleção Workbooks do objeto Application. A coleção Workbooks contém todos os arquivos .xls atualmente abertos no Microsoft Excel. Há disponíveis os objetos ThisWorkBook e ActiveWorkbook. Ambos se referem ao Workbook ativo.

### 12.2.1. Principais Métodos

- **Workbooks.Add**

Este método adiciona um novo objeto Workbook à coleção Workbooks. Cada objeto Workbook recebe um número de identificação de acordo com a ordem em que foram criados. Por exemplo, Pasta1 tem o identificador 1, Pasta2 tem identificador 2 e assim sucessivamente.

- **Workbooks.Open**

Este método abre um arquivo .xls já existente. O nome do arquivo deve ser passado como parâmetro. A Macro 71 mostra um trecho de código com sua utilização.

```
caminho = ThisWorkbook.Path Workbooks.Open caminho & "\" & "projeto1.xls"
```

Macro 71 – Trecho de código que abre um arquivo de nome "projeto 1.xls" no diretório corrente.

A variável "caminho" recebe o nome do diretório corrente e é concatenada ao nome do arquivo "projeto 1.xls". Este arquivo é aberto com o método Workbooks.Open.

- **Workbooks.Activate**

Este método ativa uma Workbook que deve ter sido aberta anteriormente. O nome do arquivo deve ser passado como parâmetro. A Macro 72 mostra um trecho de código com sua utilização.

```
Workbooks("workbooks.xls").Activate
```

Macro 72 – Trecho de código que ativa uma workbook anteriormente aberta.

É possível também acessar uma Workbook pelo seu número.

É importante salientar que a tentativa de ativar uma Workbook que já esteja ativa gera um erro de execução.

- **Workbooks.Save e Workbooks.SaveAs**

Salva uma Workbook que esteja aberta. No exemplo da Macro 73, o Workbook ativo é salvo com o nome "salvo.xls" na pasta padrão do Windows. Usualmente, a pasta padrão é "Meus Documentos".

```
Sub salva()
    ActiveWorkbook.SaveAs "salvo.xls"
End Sub
```

Macro 73 – Exemplo do uso do método SaveAs.

- **Workbooks.Close**

Fecha uma Workbook que esteja aberta.

No caso de usar Workbooks.Close ou Workbooks.Save sem identificar a Workbook, o VBA executa o método em todas as Workbooks abertas.

- **Kill e RmDir**

A instrução Kill remove arquivos. A instrução RmDir remove diretórios. É possível fazer uso dos caracteres especiais do Windows "*" e "?" para remover vários arquivos ou diretórios.

Exemplos de sua utilização são Kill "C:\Pasta1" e RmDir "C:\Diretorio", para remover o arquivo "Pasta1" e o diretório "Diretorio", respectivamente.

### 12.2.2. Principais Propriedades

- **Workbooks.Name**

Propriedade de leitura que retorna o nome do arquivo corrente. A Macro 74 mostra um exemplo de sua utilização.

```
Sub nome()

    Dim nome As String

    nome = ActiveWorkbook.Name
    MsgBox nome

End Sub
```

Macro 74 – Exemplo do uso da propriedade Name. À direita, a saída gerada pela macro nome.

- **Workbooks.Path**

Propriedade de leitura que retorna o caminho do arquivo corrente. Costuma ser usada concatenada ao nome de um arquivo para garantir que este arquivo esteja no diretório corrente. Sua utilização é a mesma descrita anteriormente em Application.Workbooks.Path.

- **Workbooks.FullName**

Propriedade de leitura que retorna o nome completo (caminho+nome) do arquivo corrente. A Macro 75 apresenta um exemplo de sua utilização.

```
Sub nomecompleto()

    Dim nome As String

    nome = ActiveWorkbook.FullName
    MsgBox nome

End Sub
```

Macro 75 – Exemplo do uso da propriedade FullName. À direita, a saída gerada pela macro *nomecompleto*.

## 12.3. Worksheet

O objeto Worksheet é um membro da coleção Worksheets do objeto Workbook. O objeto Worksheet representa uma planilha de um arquivo.xls.

## 12.3.1. Principais Métodos

- **Worksheets.Add (after, before, count)**

Este método adiciona um número de planilhas definido pelo parâmetro *count*, depois da planilha definida pelo parâmetro *after*, ou antes da planilha definida pelo parâmetro *before*. A Macro 76 mostra um exemplo de sua utilização.

```
ActiveWorkbook.Worksheets.Add before:=Worksheets(1)
```

Macro 76 – Trecho de código que adiciona uma planilha.

Este exemplo adiciona uma planilha antes da planilha de número 1, definida por *Worksheets (1)*.

- **Worksheets.Copy (before, after)**

Este método copia uma planilha e cria outra antes ou depois de uma terceira planilha, com o conteúdo copiado. A Macro 77 apresenta um exemplo de sua utilização.

```
ActiveWorkbook.Worksheets.Copy after:=Worksheets("Plan3")
```

Macro 77 – Trecho de código que copia uma planilha.

Observando as macros 76 e 77 nota-se que uma Worksheet pode ser referenciada por seu número ou por seu nome.

- **Worksheets.Move (before,after)**

Este método move uma planilha para antes ou depois de outra planilha. Sua utilização é similar ao método Copy.

- **Worksheets.Paste**

Este método é utilizado após o uso dos métodos Copy ou Cut aplicados a um range.

A Macro 78 apresenta um exemplo de como copiar e colar parte do conteúdo de uma planilha para outra planilha.

```
Sub copiarecolar()

    Worksheets("Plan1").Range("C1:C5").Copy
    ActiveSheet.Paste Destination:=Worksheets("Plan2").Range("A1")
    Application.CutCopyMode = False 'retira os dados copiados da memória
End Sub
```

Macro 78 – Macro que copia e cola o conteúdo de uma planilha para outra.

- **Worksheets.Delete**

Este método remove uma planilha do arquivo. Na execução deste método, o Excel gera uma mensagem de confirmação para excluir a planilha. Caso deseje-se retirar este aviso, usa-se a propriedade Application.DisplayAlerts, conforme apresentado na Seção 12.1.2.

- **Worksheets.SetBackgroundPicture (arquivo)**

Este método coloca como imagem de fundo da planilha a imagem contida no parâmetro *arquivo*. Caso você deseje retirar uma imagem de fundo, use o parâmetro *none*.

## 12.3.2. Principais Propriedades

- **Count**

Propriedade de leitura que retorna o número de planilhas de um arquivo. O exemplo da Macro 79 adiciona uma planilha após a última planilha, definida pelo parâmetro Worksheets (Count).

```
Worksheets.Add after:=Worksheets(Worksheets.Count)
```

Macro 79 – Trecho de código que adiciona uma planilha depois da última.

- **Name**

Propriedade de leitura que retorna o nome de cada planilha. O exemplo da Macro 80 mostra na tela o nome de cada planilha existente no arquivo.

```
Sub pastas()
    For Each ws In Worksheets
        MsgBox ws.Name
    Next
End Sub
```

Macro 80 – Macro que exibe na tela o nome de cada planilha.

# Capítulo 13

# Eventos

Na utilização de planilhas Excel são executadas ações diversas como: abrir um arquivo, salvar um arquivo, redimensionar uma janela, fechar uma planilha, criar uma planilha etc. Essas ações são chamadas de eventos. O VBA permite associar códigos que são executados no momento em que ocorre cada um desses eventos. Os eventos em Excel estão divididos em cinco grupos: Application, Workbook, Worksheet, Chart e QueryTable Refresh. Neste livro, serão abordados apenas os três primeiros, por serem os eventos que ocorrem mais comumente.

Para ter acesso aos eventos disponíveis, deve-se dar um clique duplo na janela do Projeto VBA, no objeto Excel desejado (Plan1, Plan2, EstaPasta_de_Trabalho etc.), escolher o objeto na caixa de combinação da esquerda (Workbook, Worksheet etc.) e o método na caixa de combinação da direita, conforme a Figura 137.

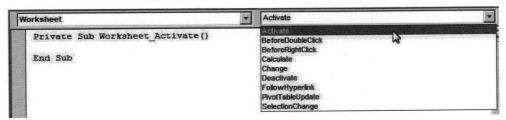

Figura 137 – Acesso ao evento Activate, da worksheet Plan3 do projeto VBA.

No exemplo da Figura 137, deu-se um clique duplo no objeto Plan3, escolheu-se Worksheet na Combobox da esquerda e o método Activate na combobox da direita. Repare que foi criado automaticamente o método *Worksheet_Activate*, no qual deve ser incluído um código que será executado toda vez que Plan3 se tornar ativa.

## 13.1. Eventos Application

Antes de usar eventos Application, é necessário criar um novo módulo de classe e declarar um objeto do tipo Application com eventos. Para se criar um módulo de classe, deve-se dar um clique com o botão direito na área do projeto VBA e escolher a opção Inserir / Módulo de Classe. Para declarar um objeto do tipo Application com eventos, insira o código da Macro 80 na primeira linha do módulo de classe criado.

```
Public WithEvents app As Application
```

Macro 81 – Trecho de código necessário para habilitar os eventos Application.

A palavra "app" é o nome do objeto, escolhido pelo programador.

É necessário também associar o objeto declarado no módulo classe ("app", no exemplo) ao objeto Application. Isso é feito em qualquer módulo através do código.

```
Sub InicializaApp()
    Set X.app = Application
End Sub
```

Macro 82 – Código para conectar o objeto declarado no módulo classe ao objeto Application.

No exemplo da Macro 82, "X" é o nome da variável, escolhido pelo programador, Classe1 é o nome do módulo de classe criado e *InitializeApp* o nome da macro, também escolhido pelo programador. Um local adequado para colocar a chamada à *InitializeApp* é no evento *Workbook_Open*, que será apresentado na Seção 13.2.

A Tabela 6 apresenta os principais eventos Application.

| Nome do Evento |
| --- |
| NewWorkbook |
| SheetActivate / Deactivate |
| SheetBeforeDoubleClick |
| SheetBeforeRightClick |
| SheetChange |
| SheetSelectionChange |
| WindowActivate / Deactivate |
| WindowResize |
| WorkbookActivate / Deactivate |
| WorkbookBeforeClose |

(continua)

| |
|---|
| WorkbookBeforePrint |
| WorkbookBeforeSave |
| WorkbookNewSheet |
| WorkbookOpen |

Tabela 6 – Principais eventos Application.

É importante salientar que os eventos Application estão associados a qualquer arquivo aberto (workbook), pasta (sheet) ou janela (window) pertencentes a esses arquivos.

Há uma propriedade do objeto Application, EnableEvents, que controla se um evento irá ou não executar o trecho de código associado. Por *default*, esta propriedade é configurada para "True", que deixa todos os eventos habilitados. Por exemplo, para evitar que o código relativo ao evento que ocorre antes de imprimir algum conteúdo de uma pasta de trabalho seja executado, usa-se o seguinte trecho de código:

```
Application.EnableEvents = False
ActiveWorkbook.BeforePrint
Application.EnableEvents = True
```

Macro 83 – Trecho de código que habilita e desabilita um evento.

Na janela de projeto, clique na Classe criada (retângulo da esquerda da Figura 138. Na Combobox da esquerda, escolha a opção referente à variável criada "app" (retângulo do meio da Figura 138. Ao escolher esta opção, a Combobox da direita apresentará todas as macros que podem ser executadas em relação a Eventos de Application (retângulo da direita da Figura 138).

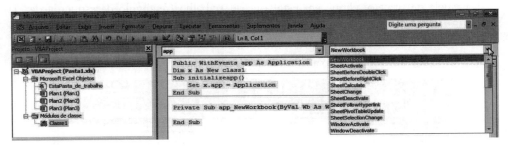

Figura 138 – Eventos Application disponíveis.

Os eventos Application não são comumente usados. Para exemplos destes tipos de evento, consulte o site www.elsevier.com.br.

## 13.2. Eventos Workbook

Estes eventos estão associados a um arquivo (workbook) específico. Há vários eventos Workbook que também são eventos Application.

A Tabela 7 apresenta os principais eventos Workbook.

| Nome do Evento |
|---|
| Activate / Deactivate |
| BeforeClose |
| BeforePrint |
| BeforeSave |
| NewSheet |
| Open |
| SheetActivate / Deactivate |
| SheetBeforeDoubleClick |
| SheetBeforeRightClick |
| SheetChange |
| SheetSelectionChange |
| WindowActivate / Deactivate |
| WindowResize |

Tabela 7 – Principais eventos Workbook.

É importante salientar que os eventos Workbook estão associados a qualquer pasta (sheet) ou janela (window) do arquivo em que foram implementados.

Na janela de projeto, clique em EstaPasta_de_trabalho (retângulo da esquerda da Figura 138. Na combobox da esquerda, escolha a opção Workbook (retângulo do meio da Figura 139). Ao escolher esta opção, a combobox da direita apresentará todas as macros que podem ser executadas em relação a Eventos do Workbook.

Figura 139 – Eventos Workbook disponíveis.

## 13.3. Eventos Worksheet

Estes eventos estão associados a uma pasta (sheet) específica. Há vários eventos Worksheet que também são eventos Application e Workbook.

A Tabela 8 apresenta os principais eventos Worksheet.

| Nome do Evento |
|---|
| Activate / Deactivate |
| BeforeDoubleClick |
| BeforeRightClick |
| Change |
| SelectionChange |

Tabela 8 – Principais eventos Worksheet.

É importante salientar que os eventos Worksheet só estão associados à pasta em que foram implementados.

Clique em uma planilha qualquer na janela de projetos e escolha a opção Worksheet na combobox da esquerda. A combobox da direita apresentará todas as macros que podem ser executadas em relação a Eventos Worksheet da planilha selecionada. A cada evento escolhido, é criada uma macro para que o usuário possa escrever o código associado ao evento, conforme pode ser visto na Figura 140.

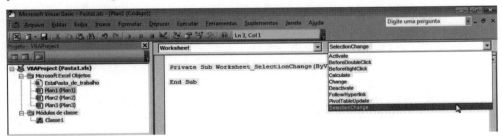

Figura 140 – Eventos Worksheet disponíveis.

# Capítulo 14

## Implementação Final do Sistema de Controle de Vendas

Este capítulo conclui a implementação do Sistema de Controle de Vendas proposto, apresentando os elementos de controle que aparecem em planilhas, descrevendo o tratamento de strings realizado, mostrando a implementação dos diversos métodos associados aos elementos de controle e os eventos presentes.

Inicia-se com a macro que carrega o formulário do Relatório de Vendas (userform "Relatorio"). Esta macro deve estar associada à abertura do arquivo "Relatório de Vendas matriz.xls", isto é, toda vez que este arquivo for aberto, a macro será executada e o formulário "Relatorio" aparecerá.

Toda vez que um formulário é chamado, sua macro de inicialização é executada (em inglês, *Initialize*). Esta macro serve para preparar o userform com as informações que ele necessita, como preencher a lista de carros, preencher as cores e os modelos existentes. Uma vez feita essa inicialização, o usuário está apto a cadastrar vendas.

No sistema proposto, há duas macros muito importantes: *calculapreco* e *atualizaresumo*. A macro *calculapreco* é responsável por calcular o valor da venda de acordo com as opções escolhidas pelo usuário e a macro *atualizaresumo* tem como objetivo atualizar o Resumo da Venda, que poderá ser impresso ao final da venda.

Essas macros são chamadas diversas vezes enquanto o usuário está cadastrando a venda. A cada opção registrada na venda, como carro, modelo, cor, opcionais, financiamento, nome, telefone e desconto, a macro *atualizaresumo* é executada para atualizar o Resumo da Venda. A macro *calculapreco* é chamada nos itens que influenciam o preço, ou seja, carro, modelo, opcionais e desconto.

Para cada elemento de controle do formulário "Relatorio" existe uma macro associada a suas mudanças (evento *Change*). Logo, cada vez que o usuário alterar algum item do relatório, essas macros de evento de mudança são chamadas e estas, por sua vez, chamam as macros *atualizaresumo* e, se for o caso, *calculapreco*.

Quando o usuário termina o cadastro, o preço da venda está atualizado, assim como o respectivo resumo da venda.

Ao pressionar o botão de "OK" para cadastrar a venda, é chamada a macro *BtOk_Click*, que está associada ao clique deste botão. Essa macro percorre cada elemento de controle do formulário para verificar se todas as opções necessárias foram devidamente preenchidas, se o número de telefone fornecido contém 10 algarismos, entre outros. Se alguma das opções estiver incompleta, a macro para o cadastro da venda é abortada e o usuário recebe uma mensagem para preencher o item incompleto.

Caso todos os itens estejam completos, o programa prossegue com o cadastro da venda. É necessário, então, acessar a planilha "Relatório de Vendas", identificar a próxima linha a ser preenchida e preenchê-la com as informações provenientes do formulário "Relatório". O sistema, então, pergunta se o usuário deseja imprimir um resumo da venda, que nada mais é do que o conteúdo da planilha "Resumo".

Há necessidade de verificar, no arquivo "Estoque.xls", se o carro pretendido está disponível no estoque. Caso afirmativo, o sistema dá baixa no estoque, reduzindo em uma unidade a quantidade daquele veículo específico.

Por fim, o formulário é limpo para prepará-lo para uma próxima venda.

Ainda se faz necessária uma macro associada ao evento de fechar o arquivo "Relatório de Vendas matriz.xls". Toda vez que este arquivo for fechado, todas as alterações são automaticamente gravadas.

Caso o usuário pressione o botão de "Cancelar" a qualquer momento, o formulário é fechado e todos os dados preenchidos da venda corrente são desconsiderados.

## 14.1. Evento Workbook_Open

Para garantir que o Sistema de Controle de Vendas, que está associado ao arquivo "Relatório de Vendas Matriz.xls", seja sempre iniciado com o formulário "Relatório", deve-se incluir o código para abrir o userform no evento *Workbook_Open*.

Na área de projeto do VBE, escolha "EstaPasta_de_trabalho"; na Caixa de Combinação da esquerda, escolha Workbook; e, na Caixa de Combinação da direita, escolha a macro Open, conforme indicado pelos retângulos na Figura 141.

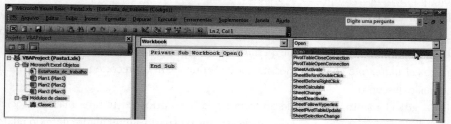

Figura 141 – Escolha da macro *Workbook_Open*.

Nesta macro, insira o código da Macro 84.

```
Private Sub Workbook_Open()
    Relatorio.Show
End Sub
```

Macro 84 – Evento *Workbook_Open* do arquivo Relatório de Vendas Matriz.xls.

## 14.2. Inicializando o userform Relatório de Vendas

Toda vez que o formulário "Relatorio" é aberto, sua macro de inicialização *(Userform_Initialize)* é executada. Esta macro tem a função de preencher as listas e as caixas de combinação.

### 14.2.1. Preenchimento das Caixas de Listagem

No formulário "Relatorio", há duas caixas de listagem que precisam ser preenchidas. As caixas de listagem se referem à escolha do carro e à escolha da cor, de nomes LbCarro e LbCor, respectivamente.

- **Caixa de listagem LbCarro**

Esta caixa de listagem é alimentada com dados provenientes da coluna A da planilha "Userform", conforme a Figura 142.

|   | A |
|---|---|
| 1 | Carros |
| 2 | Mini |
| 3 | Hatch |
| 4 | Sedan |
| 5 | Wagon |
| 6 | Jipe |
| 7 | Mini Van |
| 8 | Conversível |

Figura 142 – Dados para LbCarro localizados na planilha "UserForm".

Há duas maneiras de se alimentar uma caixa de listagem: através da propriedade RowSource, descrita na Seção 4.3.9, ou através da sub-rotina *UserForm_Initialize*. Ambas as soluções serão abordadas a seguir.

Em relação à propriedade RowSource, clique nesta propriedade na lista LbCarros do formulário "Relatorio" e coloque o valor "Userform!A2:A8", ou seja, planilha "Userform" de A2 até A8. Na próxima vez que o formulário for usado, a caixa de listagem já terá seus valores carregados e terá a aparência da Figura 143.

Figura 143 – Caixa de listagem LbCarro carregada.

Trata-se de uma maneira bem simples de carregar os dados na caixa de listagem, mas em algumas situações pode não ser a melhor.

Suponha que um novo tipo de carro seja acrescentado à planilha "Userform", conforme a Figura 144.

| | A |
|---|---|
| 1 | Carros |
| 2 | Mini |
| 3 | Hatch |
| 4 | Sedan |
| 5 | Wagon |
| 6 | Jipe |
| 7 | Mini Van |
| 8 | Conversível |
| 9 | Coupé |

Figura 144 – Inserção do tipo de carro Coupé na planilha "Userform".

Se abrirmos novamente o formulário "Relatorio", o novo carro não aparecerá na lista, pois ela é alimentada de A2 até A8. Como inserimos um carro em A9, ele não será carregado.

Para contornar esse problema, implementa-se um conjunto de instruções para localizar qual é a última linha preenchida e, posteriormente, passar esse valor para a propriedade RowSource da caixa de listagem. Conforme já mencionado, há uma macro, chamada *UserForm_Initialize*, associada a cada formulário criado, predefinida pela VBA. Esta macro é automaticamente executada toda vez que o formulário correspondente for carregado. Portanto, trata-se do local adequado para incluir o conjunto de instruções mencionado.

Apague a informação anteriormente fornecida para a propriedade RowSource e insira o código da Macro 85 na macro *Userform_Initialize*.

```
Private Sub UserForm_Initialize()

    Sheets("Userform").Select 'seleciona a aba onde contém as informações

    'carros
    Range("A2").Select ' célula de início
    Selection.End(xlDown).Select ' CTRL + Baixo
    linha = ActiveCell.Row

    lista = "Userform!A2:A" & (linha)
    ' atualiza a fonte com a última célula atualizada: A2:A9
    LbCarro.RowSource = lista

End Sub
```

Macro 85 – Macro *UserForm_Initialize* que carrega a caixa de listagem LbCarro.

A macro acessa a célula A2, da planilha "Userform" e, através das teclas especias Ctrl + ↓, localiza a última célula com valor na coluna A. ActiveCell.Row descobre a linha corrente, que é concatenada à string "Userform!A2:A" para formar o intervalo correto que contém a lista de carros. Por fim, atribui essa seleção à propriedade RowSource da caixa de listagem LbCarro. Vale a pena executar esta macro com a tecla F8 para entender melhor seu funcionamento.

Procedendo dessa forma, qualquer novo tipo de carro inserido na planilha "Userform", no final da coluna A, será carregado automaticamente na caixa de listagem LbCarro, na próxima vez que o formulário "Relatorio" for usado. Insira "Van" no final da lista e verifique a nova lista de carros exibida na caixa de listagem correspondente.

- **Caixa de listagem LbCor**

O mesmo procedimento realizado para a caixa de listagem LbCarro deve ser feito para LbCor, porém agora acessando a coluna E. A macro *Userform_Initialize* fica, então, com o código da Macro 86.

```
Private Sub UserForm_Initialize()

    Sheets("Userform").Select 'seleciona a aba onde contém as informações

    'carros
    Range("A2").Select ' célula de início
    Selection.End(xlDown).Select ' CTRL + Baixo
    linha = ActiveCell.Row

    lista = "Userform!A2:A" & (linha)
    ' atualiza a fonte com a última célula atualizada: A2:A9
    LbCarro.RowSource = lista

    'cores
    Range("E2").Select ' célula de início
    Selection.End(xlDown).Select ' CTRL + Baixo
    linha = ActiveCell.Row

    lista = "Userform!E2:E" & (linha)
    ' atualiza a fonte com a última célula atualizada: E2:E9
    LbCor.RowSource = lista

End Sub
```

Macro 86 – Macro *UserForm_Initialize* atualizada com os dados de LbCor.

## 14.2.2. Preenchimento da Caixa de Combinação

Para preenchimento dos valores da caixa de combinação do modelo do carro, CoModelo, usa-se o mesmo procedimento adotado para as caixas de listagem, descrito na seção anterior. Note que, no caso do modelo, as informações se encontram na coluna C da planilha "Userform". A macro *Userform_Initialize* fica, então, atualizada para:

```
Private Sub UserForm_Initialize()

    Sheets("Userform").Select
    'seleciona a aba onde contém as informações

    'carros
    Range("A2").Select ' célula de início
    Selection.End(xlDown).Select ' CTRL + Baixo
    linha = ActiveCell.Row

    lista = "Userform!A2:A" & (linha)
    ' atualiza a fonte com a última célula atualizada: A2:A9
    LbCarro.RowSource = lista

    'cores
    Range("E2").Select ' célula de início
    Selection.End(xlDown).Select ' CTRL + Baixo
    linha = ActiveCell.Row

    lista = "Userform!E2:E" & (linha)
    ' atualiza a fonte com a última célula atualizada: E2:E9
    LbCor.RowSource = lista

    'modelo
    Range("C2").Select ' célula de início
    Selection.End(xlDown).Select ' CTRL + Baixo
    linha = ActiveCell.Row

    lista = "Userform!C2:C" & (linha)
    ' atualiza a fonte com a última célula atualizada: C2:C9
    CoModelo.RowSource = lista

End Sub
```

Macro 87 – Macro *Userform_Initialize* em sua versão final.

## 14.3. Elementos de Controle no Relatório de Controle de Vendas
### 14.3.1. Carro

Ao selecionar um carro, duas ações devem ser realizadas. A primeira é atualizar o Resumo da Venda e a segunda é atualizar o preço da compra.

Quando o usuário escolhe um carro, essa ação está associada ao evento de mudança, ou seja, ao evento *Change*.

Na tela de códigos do Userform, escolha LbCarro e o evento *Change*.

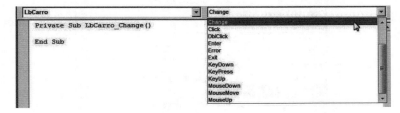

Figura 145 – Escolha do evento *Change* associado à Caixa de Listagem LbCarro.

Esta macro deve chamar as macros *calculapreco* e *atualizaresumo*, que serão detalhadas adiante.

```
Private Sub LbCarro_Change()

    calculapreco
    atualizaresumo

End Sub
```

Macro 88 – Evento *Change* associado à Caixa de Listagem LbCarro.

### 14.3.2. Imagem

Toda vez que um carro é escolhido na caixa de listagem LbCarro, é necessário carregar a imagem correspondente na região apropriada do formulário "Relatorio", denominada ImCarro. ImCarro é um objeto do tipo Image. O código para realizar o carregamento da nova imagem deve ser acrescentado à macro *LbCarro_Change*, já existente.

A propriedade que indica o arquivo a ser chamado é Picture, conforme indica a Figura 146.

Figura 146 – Propriedade Picture do objeto ImCarro.

Na pasta "Relatório de Vendas de loja de automóveis", crie um diretório de nome "Imagens" e coloque as imagens dos carros nesse diretório. Há disponíveis com o código do sistema as seguintes imagens:

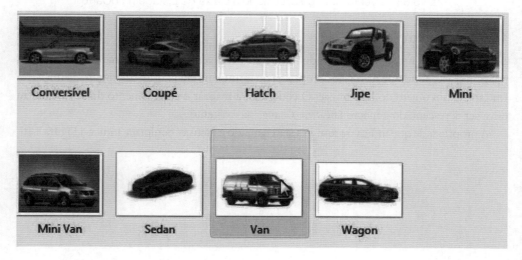

Figura 147 – Imagens de carros disponíveis no sistema.

Note que todas as imagens têm extensão ".jpg" e estão disponíveis na caixa de listagem do carro, LbCarro. Há um método em VBA, de nome *LoadPicture*, responsável por carregar na memória uma imagem. Este método alimentará a área das imagens, ImCarro, com a informação armazenada em LbCarro. A Macro 89 realiza essa operação.

```
Private Sub LbCarro_Change()

    calculapreco
    atualizaresumo

    'IMAGENS:
    If LbCarro.Text = "" Then
        ImCarro.Picture = LoadPicture(none) 'não há carro selecionado
    Else
        caminho = ThisWorkbook.Path 'há um carro selecionado
        ImCarro.Picture = LoadPicture(caminho & "\Imagens\" & _
        (LbCarro) & ".jpg")
    End If

End Sub
```

Macro 89 – Macro que realiza o carregamento das imagens no formulário "Relatorio".

Note que é preciso concatenar o caminho do diretório corrente com o subdiretório "Imagens" e com o nome da imagem correspondente, seguida da extensão ".jpg".

Execute o programa e veja as imagens sendo alteradas conforme o carro escolhido.

Observe que algumas imagens estão alongadas tanto vertical quanto horizontalmente. Isso acontece porque a propriedade PictureSizeMode (Modo de tamanho da imagem) está ajustada para "Stretch" (alongar). O objetivo do valor "Stretch" é ocupar toda a área delimitada para a imagem, alongando a imagem nas duas direções, caso necessário.

Com o valor de PictureSizeMode igual a "Zoom", a imagem não será alongada, porém podem aparecer espaços vazios (em cinza) na área destinada à imagem. Com o valor "Clip", a imagem é mostrada no seu tamanho natural e as pontas podem ser cortadas. Altere os valores da propriedade PictureSizeMode, execute o programa e altere os carros para entender melhor como são apresentadas as imagens.

### 14.3.3. Modelo

Da mesma forma que na escolha do carro, a macro de mudança do modelo deve atualizar o resumo da venda e atualizar o preço.

Clique em CoModelo na Caixa de Combinação da esquerda e no evento Change na Caixa de Combinação da direita, para aparecer a macro *CoModelo_Change*.

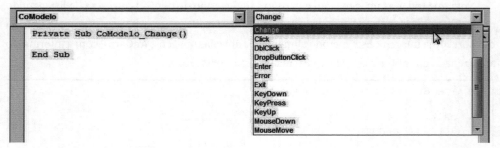

Figura 148 – Escolha do evento *Change* associado à Caixa de Combinação CoModelo.

O código deve chamar as macros *calculapreco* e *atualizaresumo*.

```
Private Sub CoModelo_Change()

    calculapreco
    atualizaresumo

End Sub
```

Macro 90 – Evento *Change* associado à Caixa de Combinação CoModelo.

### 14.3.4. Cor

A cor não influencia o preço do carro, porém deverá ser atualizada no resumo da venda. Portanto, em seu evento *Change*, será chamada somente a macro de *atualizaresumo*.

Clique em LbCor e no evento change.

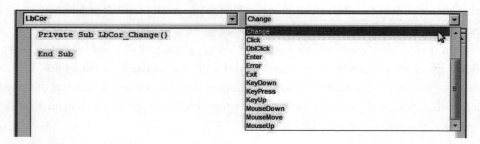

Figura 149 – Escolha do evento *Change* associado à Caixa de Listagem LbCor.

A macro deve ter o seguinte código:

```
Private Sub LbCor_Change()

    atualizaresumo

End Sub
```

Macro 91 – Evento *Change* associado à Caixa de Listagem LbCor.

## 14.3.5. Câmbio

Ao escolher a opção câmbio automático ou manual, assim como foi feito para o carro e o modelo, deve-se atualizar o resumo da venda e calcular o novo preço do carro, que será alterado de acordo com a escolha. Para cada um dos Botões de Opção relativos ao câmbio, as macros *calculapreco* e *atualizaresumo* devem ser chamadas.

Clique no nome de cada um dos Botões de Opção (ObManual e ObAutomático) e procure o evento change correspondente. Nas macros criadas, insira o código da Macro 92.

```
Private Sub ObManual_Click()

    calculapreco
    atualizaresumo

End Sub
```

```
Private Sub ObAutomatico_Click()

    calculapreco
    atualizaresumo

End Sub
```

Macro 92 – Eventos *Change* associados aos Botões de Opção ObManual e ObAutomático.

## 14.3.6. Opcionais

Seguindo a mesma estrutura dos itens anteriores, em cada uma das Caixas de Seleção (CbCouro, CbGPS, CbDVD), inclua a macro associada ao evento *Change* e inclua as chamadas das macros *calculpapreco* e *atualizaresumo*.

```
Private Sub CbCouro_Click()

    calculapreco
    atualizaresumo

End Sub
```

```
Private Sub CbGPS_Click()

    calculapreco
    atualizaresumo

End Sub
```

```
Private Sub CbDVD_Click()

    calculapreco
    atualizaresumo

End Sub
```

Macro 93 – Eventos *Click* associados às Caixas de Seleção CbCouro, CbGPS e CbDVD.

## 14.3.7. Financiamento

No Botão de Ativação do financiamento, é necessário fazer uma macro para habilitar as caixas de seleção de financiamento.

Conforme foi montado o Userform na Seção 4.3.16, esse botão de ativação começa com o valor de "False"; logo, está desativado. Os Botões de Opção do financiamento estão com suas propriedades Enabled igual a "False" e, por isso, não podem ser selecionados.

É preciso, então, criar uma macro que permita a seleção do financiamento quando o Botão de Ativação for pressionado e estiver com valor "True". Para ativar os Botões de Opção de financiamento, suas propriedades de Enabled devem estar configuradas para verdadeiro, conforme o código da Macro 94.

```
Private Sub TbFinanciamento_Click()

    atualizaresumo

    If TbFinanciamento = True Then
        Ob12x.Enabled = True
        Ob24x.Enabled = True
        Ob36x.Enabled = True
    Else
        Ob12x.Enabled = False
        Ob24x.Enabled = False
        Ob36x.Enabled = False
    End If

End Sub
```

Macro 94 – Evento *Click* associado ao Botão de Ativação TbFinanciamento.

### 14.3.8. Opções de Financiamento

No caso de optar por financiamento, não há necessidade de chamar a macro *calculapreco*, pois suas opções não terão influência sobre o preço, porém é preciso atualizar o resumo da venda chamando a macro *atualizaresumo*.

Para cada um dos Botões de Opção (Ob12x, Ob24x e Ob36x), deve haver uma macro no seu respectivo evento *Change* com os códigos da Macro 95.

```
Private Sub Ob12x_Click()

    atualizaresumo

End Sub
```

```
Private Sub Ob24x_Click()

    atualizaresumo

End Sub
```

```
Private Sub Ob36x_Click()

    atualizaresumo

End Sub
```

Macro 95 – Eventos *Click* associados aos Botões de Opção Ob12x, Ob24x e Ob36x.

### 14.3.9. Nome

O nome também não influencia o preço, mas o resumo da venda deve ser atualizado chamando a macro *atualizaresumo* no evento *Change* dessa Caixa de Texto.

Além disso, será feito um tratamento de string no nome colocando todas as letras no modo maiúsculo, através da função UCase. Note que a própria caixa de texto recebe o nome, porém com o uso da função UCase.

```
Private Sub TbNome_Change()
    TbNome = UCase(TbNome)
    atualizaresumo
End Sub
```

Macro 96 – Evento *Change* associado à Caixa de Texto TbNome.

### 14.3.10. Telefone

Analogamente à Caixa de Texto do nome, na macro associada ao evento *Change* da Caixa de Texto do telefone, somente será necessário chamar a macro *atualizaresumo*, porém há um tratamento de string complexo a ser desenvolvido.

Essa caixa de texto deverá conter somente algarismos; afinal, trata-se de uma Caixa de Texto de telefone. A cada caractere inserido, a macro do evento *Change* será executada e deve verificar se o último caractere é realmente um algarismo. Caso não seja, o caractere deve ser apagado.

Uma variável chamada de "ultimo" foi criada para receber o último caractere, usando a função Right (Direita), em uma posição. A função Right é explicada na Seção 5.2.3. Isolando este último caractere na variável "ultimo", é possível verificar se se trata ou não de algarismo, usando uma estrutura de seleção e a função IsNumeric. Caso este caractere não seja numérico, ele deve ser apagado e a Caixa de Texto do telefone deve conter os algarismos anteriormente digitados, com exceção do último caractere, que foi apagado (ver código da Macro 97).

Quando a Caixa de Texto estiver vazia, o VBA entende que o valor não é numérico e tentaria apagar um caractere, que é inexistente. Esta ação geraria um erro. Para contornar a situação, foi adicionada a condição de que o tamanho da string deve ser maior do que zero.

Outro ponto a ser trabalhado é o formato do telefone. Este campo deve incluir 10 algarismos: dois algarismos como DDD e algarismos relativos ao número do telefone. Após o usuário inserir os 10 algarismos, o formato deste campo ficará no estilo: (00) 0000-0000.

Ao incluir o espaço, o traço e os parênteses, a caixa de telefone terá ao todo 13 caracteres. Na parte final do código, verifica-se se há mais de 13 caracteres e apagam-se os algarismos excedentes, com a função Esquerda (Left) em 13 posições.

O código da Macro 97 reflete as ações descritas anteriormente.

```
Private Sub TbTelefone_Change()

    ultimo = Right(TbTelefone, 1) ' útimo caractere inserido
    tamanho = Len(TbTelefone)

    'checa se foi inserido número
    If Not IsNumeric(ultimo) And tamanho > 0 Then
        TbTelefone = Left(TbTelefone, tamanho - 1) 'apaga letras
    End If

    'insere formato

    If Len(TbTelefone) = 10 Then ' número completo
        TbTelefone = Format(TbTelefone, "(00)0000-0000")
    End If

    'deleta se mais de 13 carateres  incluindo parênteses e traço
    If Len(TbTelefone) > 13 Then ' número completo
        TbTelefone = Left(TbTelefone, 13) 'só deixa 13 caracteres
    End If

    atualizaresumo

End Sub
```

Macro 97 – Evento *Change* associado à Caixa de Texto TbTelefone.

### 14.3.11. Promoções

Da mesma forma como nos Botões de Opção do financiamento, a Caixa de Seleção referente ao envio de informações sobre promoções deve chamar somente a macro *atualizaresumo* em seu evento *Change*.

```
Private Sub CbPromocoes_Click()

    atualizaresumo

End Sub
```

Macro 98 – Evento *Click* associado à Caixa de Seleção CbPromoções.

### 14.3.12. Descontos

Ao deslocar a Barra de Rolagem SbDesconto, que está programada para trabalhar entre 0 e 30[18], o desconto deve aparecer na Caixa de Texto TbDesconto. Para aparecer o valor em porcentagem, é preciso dividir o valor do desconto por 100 e formatá-lo como porcentagem, com a função Format.

Também é preciso chamar a macro *calculapreco*. A macro *atualizaresumo* não é chamada, pois o valor do desconto não aparece no resumo da venda.

O código da Macro 99 reflete essas instruções.

---

[18] As propriedades máximo e mínimo da Barra de Rolagem foram definidas na Seção 4.3.16.

```
Private Sub SbDesconto_Change()

    TbDesconto = SbDesconto

    TbDesconto = Format(TbDesconto / 100, "0%")

    calculapreco

End Sub
```

Macro 99 – Evento *Change* associado à Barra de Rolagem SbDesconto.

## 14.4. Macro *atualizaresumo*

Na área de macros do Userform "Relatorio", deve ser criada a macro *atualizaresumo*, que será chamada quando o usuário alterar alguns dos elementos de controle do Userform, conforme descrito nas seções anteriores.

Conforme mencionado, o objetivo desta macro é atualizar a Caixa de Listagem de Resumo da Venda, que eventualmente poderá ser usada, caso o usuário opte por imprimir um resumo da venda.

Inicialmente deve-se limpar toda a Caixa de Listagem, usando o método Clear. Para cada elemento de controle que influencia o resumo da venda há instruções para adicionar à lista a respectiva informação. Caso a opção ainda não tenha sido feita, uma mensagem é inserida na Caixa de Listagem, conforme código da Macro 100.

```
Sub atualizaresumo()

    'limpa lista
    LbResumo.Clear

    'Nome do comprador
    If TbNome = "" Then ' não há comprador inserido
        LbResumo.AddItem "Comprador não identificado!"
    Else ' há um comprador inserido
        LbResumo.AddItem "Nome: " & TbNome.Value
    End If

    'Telefone do comprador
    If TbTelefone = "" Then ' não há telefone inserido
        LbResumo.AddItem "Telefone não registrado!"
    Else ' há um telefone inserido
        LbResumo.AddItem "Telefone: " & TbTelefone.Value
    End If

    'Carro
        If LbCarro = "" Then ' não há carro selecionado
        LbResumo.AddItem "Nenhum carro selecionado!"
    Else ' há um carro selecionado
        LbResumo.AddItem "Carro selecionado: " & LbCarro.Value
    End If
```

(continua)

```
    'Modelo
    If CoModelo = "" Then ' não há modelo selecionado
        LbResumo.AddItem "Nenhum modelo selecionado!"
    Else ' há um modelo selecionado
        LbResumo.AddItem "Modelo selecionado: " & CoModelo.Value
    End If

    'Cor:
    If LbCor = "" Then ' não há cor selecionada
        LbResumo.AddItem "Nenhuma cor selecionada!"
    Else ' há uma cor selecionada
        LbResumo.AddItem "Cor selecionada: " & LbCor.Value
    End If

    'Câmbio
    If ObAutomatico = True Then 'automático
        LbResumo.AddItem "Câmbio Automático"
    ElseIf ObManual = True Then ' manual
        LbResumo.AddItem "Câmbio Manual"
    Else ' ainda não foi escolhido o câmbio
        LbResumo.AddItem "Nenhum câmbio selecionado!"
    End If

    'Banco de Couro
    If CbCouro = True Then 'banco de couro
        LbResumo.AddItem "Banco de couro"
    Else
        LbResumo.AddItem "Banco normais"
    End If

    'GPS
    If CbGPS = True Then 'GPS
        LbResumo.AddItem "GPS incluído"
    Else
        'não escrever nada
    End If

    'DVD
    If CbDVD = True Then 'DVD
        LbResumo.AddItem "DVD incluído"
    Else
        LbResumo.AddItem "Som normal"
    End If

    'Financiamento
    If TbFinanciamento = True Then ' carro será financiado
```

(continua)

```
            LbResumo.AddItem "Financiamento em:"
            'é preciso saber em quantas vezes o veículo foi financiado:
            If Ob12x Then
                LbResumo.AddItem "12x"
            ElseIf Ob24x Then
                LbResumo.AddItem "24x"
            ElseIf Ob36x Then
                LbResumo.AddItem "36x"
            Else
                LbResumo.AddItem "Número de parcelas ainda não foi _
                escolhido"
            End If
        Else ' carro pago à vista
            LbResumo.AddItem "Compra à vista"
        End If

        'Promoções
        If CbPromocoes = True Then 'quer receber promoções
            LbResumo.AddItem "Envio de promoções"
        Else
            LbResumo.AddItem "Sem envio de promoções"
        End If

    End Sub
```

Macro 100 – Macro *atualizaresumo*.

## 14.5. Macro *calculapreco*

Esta macro será executada toda vez que o usuário alterar um item no formulário que tenha influência sobre o preço. A macro consulta a planilha "Userform" para acessar os preços dos carros, modelos e opcionais e somar estes valores ao preço de venda. Nesta soma, deve ser calculado o desconto, se houver.

Para obter o valor de cada item, atribui-se a uma variável o item selecionado pelo usuário e, na planilha "Userform", localiza-se este item usando Cells.Find. Ao localizar o item, basta obter a linha corrente, através da instrução ActiveCell.Row, e obter seu valor correspondente, que está na mesma linha uma coluna à frente.

No cálculo do desconto, é preciso obter o valor do desconto na Caixa de Texto TbDesconto. Este valor é uma string e deve ser retirado o símbolo de porcentagem, usando funções de manipulação de strings, e ser convertido para número. No caso deste exemplo, foi escolhido convertê-lo para número do tipo Single usando a função CSng.

Por fim, o valor total é inserido nas Caixas de Texto TbValor e TbValorTotal. O formato de dinheiro, em moeda Real, também é atualizado usando a função Format.

Caso o carro ainda não tenha sido escolhido, não faz sentido calcular a compra, logo a macro deve ser abortada usando Exit Sub.

A macro *calculapreco* é apresentada a seguir.

```vb
Sub calculapreco()

    Dim valorcarro As Currency
    Dim valormodelo As Currency
    Dim valortotal As Currency
    Dim valorcambio As Currency
    Dim valoropcionais As Currency

    'CARRO:
    If LbCarro.Text = "" Then
        Exit Sub
    Else
        Carro = LbCarro.Value ' item selecionado na lista de carro

        Sheets("Userform").Select 'seleciona a aba "Userfom"
        Cells.Find(Carro).Activate
        ' procura a célula que contém o carro desejado e a ativa
        linha = ActiveCell.Row ' identifica a linha ativa
        col = ActiveCell.Column ' identifica a coluna ativa
        valorcarro = Cells(linha, 2) ' acessa o valor do carro
    End If

    'MODELO:
    If CoModelo = "" Then
        'modelo ainda não foi escolhido, não precisa procurar
    Else
        Modelo = CoModelo.Value ' item selecionado na combobox de modelo
        Sheets("Userform").Select 'seleciona a aba "Userfom"
        Cells.Find(Modelo).Activate
        ' procura a célula que contém o carro desejado e a ativa
        linha = ActiveCell.Row ' identifica a linha ativa
        col = ActiveCell.Column ' identifica a coluna ativa
        valormodelo = Cells(linha, 4)
        ' acessa o valor do modelo na coluna D(4)
    End If

    'CAMBIO:
    If ObAutomatico = True Then
        Sheets("Userform").Select 'seleciona a aba "Userfom"
        Cells.Find("Automático").Activate
        ' procura a célula que contém Automático e a ativa
        linha = ActiveCell.Row ' identifica a linha ativa
        col = ActiveCell.Column ' identifica a coluna ativa
        valorcambio = Cells(linha, 7)
        ' acessa o valor do modelo na coluna G(7)
    Else ' cambio manual
        valorcambio = 0
    End If
```

(continua)

```
    'OPCIONAIS
    If CbCouro = True Then ' se o usuário selecionou banco de couro
        Sheets("Userform").Select 'seleciona a aba "Userfom"
        Cells.Find("Banco de couro").Activate
        ' procura a célula que contém o carro desejado e a ativa
        linha = ActiveCell.Row ' identifica a linha ativa
        col = ActiveCell.Column ' identifica a coluna ativa
        valoropcionais = Cells(linha, 7)
        ' acessa o valor do modelo na coluna G (7)
    End If

    If CbDVD = True Then
        Sheets("Userform").Select 'seleciona a aba "Userfom"
        Cells.Find("DVD").Activate
        ' procura a célula que contém DVD desejado e a ativa
        linha = ActiveCell.Row ' identifica a linha ativa
        col = ActiveCell.Column ' identifica a coluna ativa
        valoropcionais = valoropcionais + Cells(linha, 7)
        ' acessa o valor do modelo na coluna G (6)
    End If

    If CbGPS = True Then
        Sheets("Userform").Select 'seleciona a aba "Userfom"
        Cells.Find("GPS").Activate
        ' procura a célula que contém GPS desejado
        linha = ActiveCell.Row ' identifica a linha ativa
        col = ActiveCell.Column ' identifica a coluna ativa
        valoropcionais = valoropcionais + Cells(linha, 7)
        ' acessa o valor do modelo na coluna G (6)
    End If

    ' VALOR TOTAL:
    ' soma de carro e modelo e cambio e opcionais
    valortotal = valorcarro + valormodelo + valorcambio + valoropcionais

    'DESCONTO
    Dim desconto As Single ' declaramos o tipo da variável

    If TbDesconto = "" Then ' se a TextBox de Desconto estiver vazia
        desconto = 0
    Else 'caso onde já foi escolhido o desconto
        tamanho = Len(TbDesconto)
        desconto = Left(TbDesconto, tamanho - 1)
        desconto = CSng(desconto)
        ' converte o texto para número do tipo Single
        desconto = desconto / 100
    End If

    valortotal = valortotal * (1 - desconto)

    TbValor = Format(valortotal, "R$#,##0.00")
    ' insere valor calculado no TextBox Valor
    TbValorTotal = Format(valortotal, "R$#,##0.00")
    ' insere valor calculado no TextBox Valor Total

End Sub
```

Macro 101 – Macro *calculapreco*.

## 14.6. Evento *BtOk_Click*

Trata-se do principal evento do sistema proposto e está associado ao botão de OK, Figura 150, do formulário principal. Somente após pressionar o botão "OK" é que as validações das entradas de dados podem ser processadas e a planilha "Relatório de Vendas" atualizada.

Figura 150 – Imagem associada ao botão "OK".

Para criar esta macro, dê dois cliques no botão de OK ou clique no VBE em BtOK e escolha a macro associada ao evento Click.

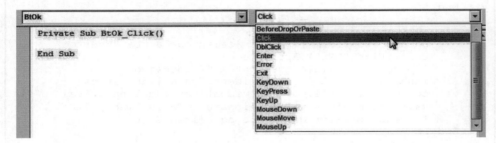

Figura 151 – Evento Click associado ao Botão BtOk.

A implementação desta macro pode ser conceitualmente dividida em seis etapas:
- Checar o preenchimento e a validação de todos os campos no formulário "Relatorio";
- Identificar a primeira linha em branco da planilha "Relatório de Vendas", na qual será cadastrada a venda;
- Cadastrar a venda na planilha "Relatório de Vendas";
- Imprimir resumo da venda caso seja solicitado;
- Verificar se o carro está no estoque da loja; e
- Limpar as entradas de dados do formulário "Relatorio".
- Checar o Preenchimento e a Validação de Todos os Campos

É necessário verificar se o vendedor preencheu ou escolheu todos os campos. No caso dos opcionais, financiamento, promoções e desconto, não é preciso verificação alguma, já que esses itens são opcionais. Caso o vendedor tenha deixado de preencher ou selecionar algum item obrigatório, a macro do botão de "OK" deve ser interrompida, o que é alcançado através da instrução Exit Sub.

É importante notar que a sub-rotina será interrompida, mas o formulário "Relatorio" deverá continuar aberto para que os dados faltantes possam ser preenchidos. Uma mensagem deve ser exibida, através de uma Caixa de Mensagem, para alertar o usuário sobre o campo que faltou preencher / escolher.

```
Private Sub BtOk_Click()

    'CHECAR DADOS DO USERFOM
    'Carro
    If LbCarro.Text = "" Then   ' não houve seleção
        MsgBox "Escolha o carro", vbCritical, "Alerta"
        LbCarro.SetFocus
        Exit Sub
    End If

    'Modelo
    If CoModelo.Value = "" Then ' não houve seleção
        MsgBox "Escolha o modelo", vbCritical, "Alerta"
        CoModelo.SetFocus
        Exit Sub
    End If

    'Cor
    If LbCor.Text = "" Then ' não houve seleção
        MsgBox "Escolha a cor", vbCritical, "Alerta"
        LbCor.SetFocus
        Exit Sub
    End If

    'Câmbio
    If ObManual.Value = False And ObAutomatico = False Then
        ' se os dois estão falsos, então nenhum dos dois foi selecionado
        MsgBox "Escolha o câmbio", vbCritical, "Alerta"
    FrCambio.SetFocus
    Exit Sub
    End If

    'Nome
    If TbNome.Value = "" Then ' não preencheu o nome
        MsgBox "Entre o nome do cliente", vbCritical, "Alerta"
        TbNome.SetFocus
        Exit Sub
    End If

    'Telefone
    If TbTelefone.Value = "" Or Len(TbTelefone.Value) < 13 Then
    ' não preencheu o telefone
        MsgBox "Entre o telefone do cliente com 10 dígitos", _
        vbCritical, "Alerta"
        TbTelefone.SetFocus
        Exit Sub
    End If

    'Prestações
    If TbFinanciamento = True Then
        If Ob12x = False And Ob24x = False And Ob36x = False Then
            MsgBox "Entre o número de parcelas.", vbCritical, "Alerta"
            FrFinanciamento.SetFocus
            Exit Sub
        End If
    End If
```

Macro 102 – Código que verifica o preenchimento dos campos.

O foco do formulário "Relatorio" deve ser passado para o dado que está faltando, para facilitar que o usuário forneça essa informação.

Neste exemplo, verifica-se se o valor do tipo do carro está vazio, LbCarro.Text = "" e, caso esteja, uma mensagem de alerta ao usuário é gerada, o foco é marcado na Caixa de Texto referente ao tipo de carro e a sub-rotina é abandonada com Exit Sub. Procedimento análogo é adotado para cada informação a ser preenchida no formulário "Relatorio", conforme pode ser visto na Macro 102.

- **Identificar a Primeira Linha em Branco da Planilha "Relatório de Vendas"**

A fim de cadastrar na planilha "Relatório de Vendas" as informações preenchidas no formulário "Relatorio", é necessário identificar a primeira linha em branco dessa planilha (Macro 103).

Se o banco de dados estiver vazio, isto é, se for a primeira venda efetuada, a primeira linha em branco será a linha de número 2, uma vez que a primeira linha é ocupada por um cabeçalho.

Caso não seja a primeira venda, será preciso descobrir a última linha preenchida do banco de dados e acrescentar uma unidade, para chegar à linha em branco.

Uma maneira prática de descobrir a última linha preenchida é clicar na célula A1 e usar as teclas especiais Ctrl + ↓. A célula ativa passará para a última linha preenchida do banco de dados na coluna "A". Acessando-se, então, ActiveCell.Row, é possível descobrir o número da linha na qual está a célula ativa e, somando-se 1 a ela, é achado o número da linha a ser preenchida.

```
'ACHAR LINHA

Sheets("Relatório de Vendas").Select

If Range("A2") = "" Then ' se A2 está vazio,o banco estará vazio
    linha = 2
Else
Range("A1").Select
    Selection.End(xlDown).Select ' Ctrl + seta para baixo
    ' a célula ativa será a última do banco de dados
    linha = ActiveCell.Row + 1
End If
```

Macro 103 – Código que localiza a primeira linha vazia da planilha "Relatório de Vendas".

- **Cadastrar a Venda na Planilha "Relatório de Vendas"**

Uma vez localizada a linha para o cadastro da venda, é necessário acessar as informações do formulário "Relatorio" e cadastrar uma linha com essas informações na planilha "Relatório de Vendas" (Macros 104 e 105). A linha é a mesma para todas as informações, porém as colunas variam. Para cadastrar o tipo do carro, usa-se a informação armazenada em LbCarro, que é colocada na coluna 2(B); para cadastrar o modelo, usa-se a informação armazenada em CbModelo, que é colocada na coluna 3(C), e assim por diante.

```
'CADASTRAR AS INFORMAÇÕES
    Cells(linha, 1) = linha - 1 'numero da compra
    Cells(linha, 2) = Date 'data da compra

    Cells(linha, 3) = LbCarro.Text 'carro

    Cells(linha, 4) = CoModelo 'modelo
    Cells(linha, 5) = LbCor 'cor

    If ObAutomatico = True Then
        Cells(linha, 6) = "Autom."
    Else
        Cells(linha, 6) = "Manual"
    End If

    'couro
    If CbCouro = True Then
        Cells(linha, 7) = "Sim"
    Else
        Cells(linha, 7) = "Não"
    End If

    'gps
    If CbGPS = True Then
        Cells(linha, 8) = "Sim"
    Else
        Cells(linha, 8) = "Não"
    End If
```

Macro 104 – Trecho de código que atualiza uma linha da planilha "Relatório de Vendas".

```
'dvd
    If CbDVD = True Then
        Cells(linha, 9) = "Sim"
    Else
        Cells(linha, 9) = "Não"
    End If

    Cells(linha, 10) = TbNome 'nome

    Cells(linha, 11) = TbTelefone 'telefone
    'promoções
    If CbPromocoes = True Then
        Cells(linha, 12) = "Sim"
    Else
        Cells(linha, 12) = "Não"
    End If

    Cells(linha, 13) = desconto ' desconto


    'financiamento
    If TbFinanciamento = True Then 'compra financiada
        Cells(linha, 15) = "Sim"
        If Ob12x = True Then
            Cells(linha, 16) = "12x" 'parcelada em 12x
        ElseIf Ob24x = True Then
            Cells(linha, 16) = "24x" 'parcelada em 24x
        ElseIf Ob36x = True Then
            Cells(linha, 16) = "36x" 'parcelada em 36x
        End If
    Else 'compra a vista
        Cells(linha, 15) = "Não" ' compra à vista
        Cells(linha, 16) = "NA" 'não aplicável
    End If
    ' Desconto
    Cells(linha, 13) = TbDesconto
    'valor da venda
    valor = Mid(TbValor, 3) ' valor da venda
    valor = CCur(valor)
    Cells(linha, 14) = valor
```

Macro 105 – Trecho de código que atualiza uma linha da planilha "Relatório de Vendas" (continuação).

Para o cadastramento dos opcionais, o código é um pouco diferente. Deve-se verificar se o acessório opcional foi ou não selecionado e armazenar as palavras "Sim" ou "Não", respectivamente. O trecho de código da Macro 106 armazena a informação relativa ao opcional banco de couro na coluna 7 da planilha "Relatório de Vendas".

```
'couro
If CbCouro = True Then
    Cells(linha, 7) = "Sim"
Else
    Cells(linha, 7) = "Não"
End If
```

Macro 106 – Trecho de código que atualiza a informação
referente ao opcional banco de couro.

No caso do financiamento, inicialmente é necessário saber se será escolhida esta opção (botão de ativação TbFinanciamento) e, em seguida, em quantas parcelas será o financiamento (botões de opção op12x, op24x e op36x). O trecho de código da Macro 107 reflete esse cadastramento.

```
'financiamento
If TbFinanciamento = True Then 'compra financiada
    Cells(linha, 15) = "Sim"
    If Ob12x = True Then
        Cells(linha, 16) = "12x" 'parcelada em 12x
    ElseIf Ob24x = True Then
        Cells(linha, 16) = "24x" 'parcelada em 24x
    ElseIf Ob36x = True Then
        Cells(linha, 16) = "36x" 'parcelada em 36x
    End If
Else 'compra a vista
    Cells(linha, 15) = "Não" ' compra à vista
    Cells(linha, 16) = "NA" 'não aplicável
End If
```

Macro 107 – Trecho de código que realiza o cadastramento relativo ao financiamento.

A informação relativa ao fato de haver ou não financiamento fica na coluna 15, e a quantidade das parcelas fica na coluna 16.

Note que são gerados números para cada venda. Este número nada mais é do que o número da linha atual -1, armazenado na coluna 1, conforme trecho de código da Macro 108.

```
Cells(linha, 1) = linha - 1 'numero da compra
```

Macro 108 – Trecho de código que realiza o cadastramento do número da venda.

Para cadastrar a data da venda, basta escrever o comando "Date" e armazenar esse valor na coluna 2, conforme trecho de código da Macro 109.

```
Cells(linha, 2) = Date 'data da compra
```

Macro 109 – Trecho de código que realiza o cadastramento da data da venda.

Ao se gerar um cadastro no Sistema de Controle de Vendas, os valores do desconto e o valor da venda que aparecem na planilha "Relatório de Vendas" são inseridos como texto, uma vez que são oriundos de caixas de texto, com caracteres "%" e "R$", respectivamente. Esses valores podem ser vistos na Figura 152.

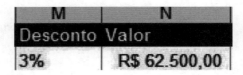

Figura 152 – Desconto e Valor de Venda na planilha "Relatório de Vendas".

No caso do valor, é extremamente importante que este dado seja reconhecido como valor, e não como texto. Na Seção 16.2, para realizar o gráfico de faturamento mensal, será preciso somar os valores de cada mês. Se o Excel reconhecer esses valores como texto, não será possível fazer operações matemáticas. É necessário converter o valor que vem da caixa de texto TbValor de texto para valor contábil tipo currency.

A macro do botão "OK", *BtOk_Click*, deve ter o trecho de código da Macro 110 para cadastrar como currency o valor da venda na planilha "Relatório de Vendas":

```
valor = Mid(TbValor, 3) ' valor da venda
valor = CCur(valor)
Cells(linha, 14) = valor
```

Macro 110 – Trecho de código que insere na planilha
"Relatório de Vendas" o valor de venda como currency.

Este código exclui o "R$" e captura os valores numéricos para a variável "valor". Em seguida, converte a string composta de algarismos em currency, usando a função Ccur, e insere na célula em questão. Fazendo isso, o Excel entende que se trata de um valor contábil, apesar de a aparência do valor da célula ser a mesma que antes da conversão.

- **Imprimir Resumo da Compra Caso Seja Solicitado**

```
'IMPRESSÃO?
impre = MsgBox("Gostaria de imprimir um resumo da compra", _
    vbQuestion + vbYesNo, "Impressão do Resumo")
If impre = vbYes Then 'usuário quer imprimir
    impressao ' chama a macro que cuida da impressao
End If
```

Macro 111 – Trecho de código do evento *BtOk_Click*
que verifica se é para imprimir resumo da venda[19].

---

[19] A macro de impressão é apresentada no Capítulo 17.

- **Verificar se o Carro Está no Estoque da Loja**

No sistema proposto, deve haver na mesma pasta do arquivo "Relatório de Vendas matriz.xls" um arquivo Excel de nome "Estoque.xls", que contenha uma lista com todo o estoque de carros da loja de automóveis, conforme a Figura 153.

|   | A | B | C | D |
|---|---|---|---|---|
| 1 |   | **ESTOQUE** |   |   |
| 2 | Carro | Modelo | Cor | Unidades |
| 3 | Mini | Luxo | Prata | 1 |
| 4 | Mini | Luxo | Preto | 2 |
| 5 | Mini | Luxo | Chumbo | 5 |
| 6 | Mini | Luxo | Verde | 0 |
| 7 | Mini | Luxo | Azul | 0 |
| 8 | Mini | Luxo | Vermelho | 0 |
| 9 | Mini | Luxo | Amarelo | 2 |
| 10 | Mini | Luxo | Laranja | 3 |
| 11 | Mini | Luxo | Branco | 1 |
| 12 | Mini | Super Luxo | Prata | 1 |
| 13 | Mini | Super Luxo | Preto | 1 |
| 14 | Mini | Super Luxo | Chumbo | 1 |

Figura 153 – Arquivo "Estoque.xls", com a lista de carros no estoque.

Para fazer a verificação no estoque, será necessário abrir este arquivo e procurar se o carro da venda que acabou de ser cadastrada se encontra nessa planilha. Caso o carro esteja no arquivo, deve ser feita a baixa no estoque reduzindo-se a quantidade de carros com aquelas mesmas características. Posteriormente, para concluir a venda, é necessário avisar se o carro foi ou não encontrado no estoque.

Para abrir o arquivo "Estoque.xls", é preciso saber o caminho onde ele se encontra. Neste exemplo, é o mesmo caminho do arquivo "Relatório de Vendas matriz.xls" e pode ser obtido através da função *Path*.

Com o caminho, abre-se o arquivo concatenando o caminho com seu nome. Na planilha "Plan1", deve-se percorrer a lista de carros no estoque, iniciando na célula B3, até localizar o carro com as mesmas características ou até encontrar uma célula vazia (final do estoque). As características dos carros estão armazenadas da seguinte forma:

Carro na coluna 1;

Modelo na coluna 2; e

Cor na coluna 3.

Uma vez localizado o carro, sua quantidade deve ser checada. Caso a quantidade seja maior do que zero, uma mensagem informa que o carro está disponível, sua quantidade na coluna 4 é diminuída de uma unidade e a variável "estoque" recebe o valor "encontrado". Se a quantidade já for zero, somente uma mensagem indicando a ausência do carro escolhido é apresentada.

Caso não haja o carro no estoque, o final da lista será atingido e finaliza-se a procura.

O arquivo é fechado e suas alterações são salvas. Deve-se retornar ao arquivo "Relatório de vendas matriz.xls" na planilha "Relatório de Vendas" e atualizar a coluna de estoque da venda.

O trecho de código da Macro 112 reflete essas instruções.

```
'CONFERE ITEM NO ESTOQUE
'abre arquivo na mesma pasta
caminho = ThisWorkbook.Path
Workbooks.Open Filename:=caminho & "/Estoque.xls"

'seleciona aba
Sheets("Plan1").Select

'percorre lista tentando achar carro vendido
Range("B3").Select
x = 3 ' inicia contador

Do Until ActiveCell = ""

    If Cells(x, 1) = LbCarro.Value Then ' é o mesmo carro
        If Cells(x, 2) = CoModelo.Value Then ' é o mesmo modelo
            If Cells(x, 3) = LbCor.Value Then ' é a mesma cor
                If Cells(x, 4) = 0 Then ' zero unidades
                    MsgBox "Carro não disponível, favor _
                    encomendar da montadora"
                Else
                    MsgBox "Carro disponível no estoque"
                    Cells(x, 4) = Cells(x, 4) - 1 'atualiza estoque
                    estoque = "encontrado"
                    ' variável para marcar que carro foi achado no estoque
                End If
            End If
        End If
    End If
x = x + 1
Cells(x, 1).Select
Loop

ActiveWorkbook.Close Savechanges:=True
' fecha o arquivo salvando as alterações.

'Cadastrando se carro está no estoque ou não
Sheets("Relatório de Vendas").Select
If estoque = "encontrado" Then 'carro está no estoque
    Cells(linha, 17) = "sim"
Else
    Cells(linha, 17) = "não"
End If
```

Macro 112 – Trecho de código que verifica se carro está no estoque da loja.

- **Limpar as Entradas de Dados do Formulário "Relatorio"**

A última etapa da macro *BtOk_Click* é limpar todos os valores preenchidos e opções escolhidas pelo usuário, a fim de deixar o formulário pronto para o próximo cadastro.

No caso dos Botões de Opção e Caixas de Seleção, todos devem ser desmarcados, colocando-se seu atributo *value* como "False".

Outro detalhe é desabilitar os Botões de Opção de financiamento (Ob12x, Ob24x e Ob36x), porque o cadastro anterior pode tê-los habilitado. Para isso, é preciso atribuir "False" à propriedade Enabled de cada botão, como feito na macro de inicialização do Formulário (*Userform_Initialize*) (Macro 113).

```
'LIMPANDO O USERFORM PARA O PRÓXIMO CADASTRO

LbCarro = ""
CoModelo.Value = ""
LbCor = ""
TbNome = ""
TbTelefone = ""
CbPromocoes = False
ObAutomatico = False
ObManual = False
CbCouro = False
CbDVD = False
CbGPS = False
TbFinanciamento = False
Ob12x = False
Ob24x = False
op36x = False
TbDesconto = ""
TbValor = ""
TbValorTotal = ""
LbResumo.Clear

'Desabilitar opções de parcela
Ob12x.Enabled = False
Ob24x.Enabled = False
Ob36x.Enabled = False
```

Macro 113 – Trecho de código que limpa as informações fornecidas no formulário "Relatorio".

## 14.7. Evento *BtCancel_Click*

O objetivo do botão cancelar, ![x], é simplesmente fechar o formulário "Relatorio".

Para criar uma macro associada a esse botão, dê dois cliques no botão de Cancelar ou clique no VBE em BtCancel e escolha a macro associada ao evento Click, conforme indicado na Figura 154.

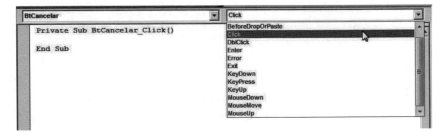

Figura 154 – Evento *Click* associado ao Botão de Comando BtCancel.

Basta redigir o código da Macro 114 na macro *BtCancel_Click*, que é associada ao botão BtCancel e ao evento Click.

```
Private Sub BtCancel_Click()
    Unload Relatorio
End Sub
```

Macro 114 – Macro para fechar o formulário "Relatorio".

Repare que "Relatorio" não deve ter acento, pois seu nome escolhido também está sem acento.

Execute o Relatório e clique em Cancelar. Note que a userform ficará escondida.

O método *Unload* realiza tarefa similar, porém, em vez de somente esconder um formulário, ele também o descarrega da memória.

## 14.8. Evento *Workbook_BeforeClose*

Para criar esta macro no VBE, escolha "EstaPasta_de_trabalho" na janela de Projeto, escolha Workbook e a macro BeforeClose, conforme indicado na Figura 155.

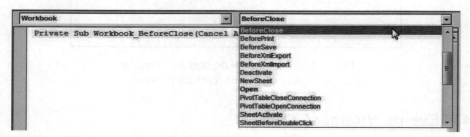

Figura 155 – Seleção do evento *BeforeClose* associado à pasta de trabalho.

Para garantir que o arquivo sempre seja salvo ao fechar o Excel, insira o código para salvar o arquivo, que é ThisWorkbook.Save.

```
Private Sub Workbook_BeforeClose(Cancel As Boolean)
    ThisWorkbook.Save
End Sub
```

Macro 115 – Evento *BeforeClose* do arquivo "Relatório de Vendas Matriz.xls".

# Capítulo 15

## Proteção do Código

Há quatro níveis possíveis de proteção no Excel/VBA:
- Proteção de salvamento do arquivo;
- Proteção da workbook;
- Proteção da worksheet; e
- Proteção do código.

## 15.1. Proteção de Salvamento do Arquivo

Acionar a opção Arquivo/Salvar Como/Ferramentas/Opções Gerais. Aparecerá a seguinte tela:

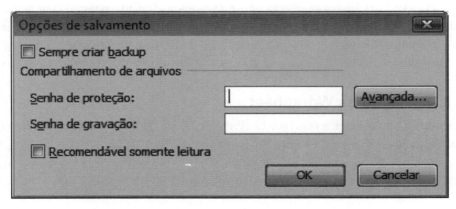

Figura 156 – Tela de opções de salvamento de um arquivo.

Nesta janela, é possível escolher a opção de sempre criar um *backup*. Há também a possibilidade de definir uma senha de proteção para abertura do arquivo e outra senha de gravação do arquivo. Caso a opção de "Recomendável somente para leitura" esteja marcada, o usuário tem a opção de ler o arquivo sem poder fazer alterações caso não saiba a senha de gravação.

## 15.2. Proteção da Workbook

Acionar a opção Ferramentas/Proteção/Proteger Workbook do menu do Excel. Aparecerá a seguinte tela.

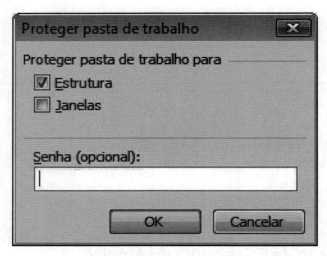

Figura 157 – Tela para proteção de workbook.

Conforme se pode notar, é possível proteger a workbook em sua estrutura ou simplesmente a janela. Com a caixa de seleção estrutura selecionada, não é possível criar, remover, renomear ou copiar planilhas. A seleção da opção janelas impede mover, redimensionar ou fechar a planilha. É possível também fornecer uma senha, caso no futuro se queira desproteger a workbook.

## 15.3. Proteção da Worksheet

Acionar a opção Ferramentas/Proteção/Proteger Sheets do menu do Excel. Aparecerá a seguinte tela.

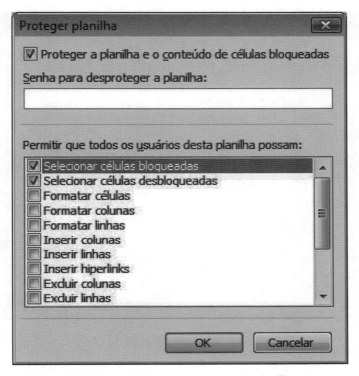

Figura 158 – Tela para proteção da planilha.

Impede as ações que não estão marcadas na tela de proteção, isto é, caso se deseje permitir algumas dessas ações, é necessário marcá-las. Por *default*, as opções de selecionar células já vêm marcadas. É possível fornecer uma senha, caso no futuro se queira desproteger a workbook.

## 15.4. Proteção do Código

É possível proteger o código gerado através da opção Ferramentas/Propriedades do VBA Project. Ao escolher a aba Proteção, aparece a tela da Figura 159.

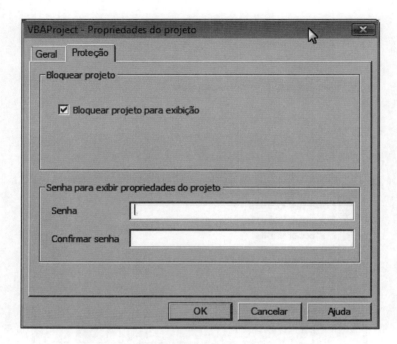

Figura 159 – Tela para proteção de código.

Ao selecionar a caixa de seleção "Bloquear projeto para exibição" e fornecer uma senha, o código fica protegido, só podendo ser acessado fornecendo-se a senha. Caso não seja selecionada a caixa de seleção "Bloquear projeto para exibição", somente as propriedades da aba Geral não poderão ser modificadas.

# Capítulo 16

# Gráficos

Na grande maioria das vezes, quando se deseja criar um gráfico em VBA, é aconselhável gravar uma macro que crie um código desejado e, caso necessário, alterá-lo para se adequar à aplicação que está sendo desenvolvida. Entretanto, é importante conhecer os principais métodos e propriedades presentes na criação e identificação de gráficos. As propriedades serão apresentadas intercaladas com os métodos, para refletir a ordem usual em que aparecem nos códigos.

- **Método Add**

Este método adiciona um novo gráfico. Sua forma de utilização está mostrada nas macros 116 e 117, a seguir. Note que o uso do método Add varia dependendo da propriedade Location, apresentada a seguir.

- **Propriedade Name**

Esta propriedade define o nome do gráfico sendo gerado. Trata-se de uma propriedade interna do VBA para facilitar seu acesso. Não confunda com a propriedade ChartTitle. Fique atento a esta propriedade porque não é possível criar dois gráficos com o mesmo nome. Caso um usuário execute uma macro que cria um gráfico cujo nome já está sendo atribuído a outro gráfico existente, o VBE gerará um erro.

- **Propriedade ChartType**

Esta propriedade define o tipo de gráfico a ser gerado. Os principais valores estão apresentados na Tabela 9. Estes e outros tipos estão disponíveis no assistente de gráfico do Excel.

| Tipo | Constante |
|---|---|
| Área | xlArea |
| Linha | xlLine |
| Barra horizontal | xlBarClustered |
| Barra vertical | xlColumnClustered |
| Torta (pizza) | xlPie |
| Bolha | xlBubble |
| Pirâmide | xlPiramidCol |
| Coluna | xl3DColumn |
| Radar | xlRadar |
| Cone | xlConeCol |
| Superfície | xlSurface |
| Cilindro | xlCylinderCol |
| Pontos | xlXYScatter |
| Anéis | xlDoughnut |

Tabela 9 – Tabela com os valores da propriedade ChartType.

- **Método SetSourceData**

Indica a origem dos dados do gráfico. É usado quando a inserção de dados é feita por série (ver Macro 116). Neste método, também é necessário especificar se os dados devem ser desenhados por coluna (xlColumns) ou por linhas (xlRows).

- **Propriedade Location**

Indica onde o gráfico deve ser criado: se em uma nova planilha exclusiva para o gráfico – neste caso, Location recebe xlLocationAsNewSheet – ou embutido em uma panilha de dados existente – Location recebe xlLocationAsObject. Uma nova planilha é chamada de Chart Sheet; e uma planilha embutida, de Chart Object. O Sistema de Controle de Vendas adota apenas os gráficos embutidos e, por isso, serão os únicos abordados neste livro.

- **Propriedades HasTitle e ChartTitle**

A propriedade HasTitle recebe os valores "True" ou "False" para indicar se o gráfico tem ou não um título. Caso esta propriedade tenha o valor "True", há necessidade de definir seu título através da propriedade ChartTitle.Caption (Macro 116).

## 16.1. Inserção de Dados no Gráfico

Assim como no Excel, a inserção de dados em gráficos gerados no VBA pode ser de duas formas, Intervalo de Dados ou Séries, e estes dados podem ser fornecidos por coluna ou por linha.

A seguir serão apresentadas macros para a criação de gráficos com os métodos e propriedades descritos anteriormente.

```
Sub graficoserie()

    Charts.Add ' adiciona o grafico
    ActiveChart.ChartType = xlLineMarkers ' tipo de gráfico
      ActiveChart.SeriesCollection.NewSeries
    ActiveChart.SeriesCollection(1).XValues = "=Plan1!R1C1:R10C1"
    'dados do eixo X
    ActiveChart.SeriesCollection(1).Values = "=Plan1!R2C2:R10C2"
    ' dados do eixo Y
    ActiveChart.SeriesCollection(1).Name = "=Plan1!R1C2"
    ' Nome do gráfico
    ActiveChart.Location Where:=xlLocationAsObject, Name:="Plan1"
    ' localização do gráfico
    With ActiveChart ' propriedades do gráfico
        .HasTitle = True 'sim, o gráfico tem título
        .ChartTitle.Characters.Text = "Preço básico"
        'título do gráfico
        .Axes(xlCategory, xlPrimary).HasTitle = True
        ' o eixo X tem título
        .Axes(xlCategory, xlPrimary).AxisTitle.Characters.Text = _
        "Carros" 'título do eixo x
        .Axes(xlValue, xlPrimary).HasTitle = True
        ' o eixo Y tem título
        .Axes(xlValue, xlPrimary).AxisTitle.Characters.Text = "Preços"
        'título do eixo y
    End With
End Sub
```

Macro 116 – Macro que gera um gráfico embutido com inserção de dados por séries.

Este exemplo gera um arquivo embutido, de nome "Grafico1", do tipo linha e inserção de dados através de Séries. A planilha ativa deve ser a UserForm criada na Seção 2.4. O gráfico gerado é apresentado na Figura 160.

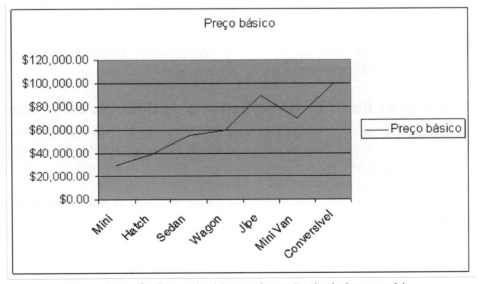

Figura 160 – Gráfico embutido com inserção de dados por série.

Esta maneira é adequada quando os dados de entrada não estão armazenados em uma região contígua. Os dados são informados separadamente por eixos. XValues são as informações do eixo X, Values as informações do eixo Y e Name é o título do gráfico.

A Macro 117 mostra o código de criação do mesmo gráfico, porém, agora, com inserção de dados por intervalo de dados.

```
Sub graficointervalo()

    Charts.Add ' adiciona o grafico
    ActiveChart.Name = "Gráfico1" ' nomeia o gráfico
    ActiveChart.ChartType = xlLineMarkers ' tipo do gráfico: linha
    ActiveChart.SetSourceData Source:=Sheets("Plan1").Range("A1:B10"), _
    PlotBy:= xlColumns
    ' fonte de dados e tipo de orientação: colunas
    ActiveChart.Location  Where:=xlLocationAsObject,  Name:="Plan1"
    ' localização do gráfico

    With ActiveChart ' propriedades do gráfico
        .HasTitle = True ' sim, o gráfico tem título
        .ChartTitle.Characters.Text = "Preço básico" 'título do gráfico
        .Axes(xlCategory, xlPrimary).HasTitle = True
        ' o eixo X tem título
        .Axes(xlCategory,  xlPrimary).AxisTitle.Characters.Text =
        "Carros" 'título x
        .Axes(xlValue, xlPrimary).HasTitle = True ' o eixo Y tem título
        .Axes(xlValue, xlPrimary).AxisTitle.Characters.Text = "Preços"
        'título y
    End With
End Sub
```

Macro 117 – Macro que gera um gráfico embutido
com inserção de dados por intervalo de dados.

Este exemplo também gera um gráfico embutido, porém com inserção de dados por série, através do parâmetro Source. O parâmetro PlotBy com valor x columns indica que os dados são fornecidos por coluna.

## 16.2. Geração de Gráficos no Sistema de Controle de Vendas

A Sistema de Controle de Vendas disponibiliza a criação de um gráfico de faturamento, com base no banco de dados de vendas da loja, que se encontra na planilha "Relatório de Vendas". Este gráfico será gerado ao pressionarmos o botão "Relatório de Faturamento Mensal" criado na seção 4.4.5.

O gráfico mostrará a o faturamento por mês a partir de janeiro de 2009 e tem o aspecto da Figura 161.

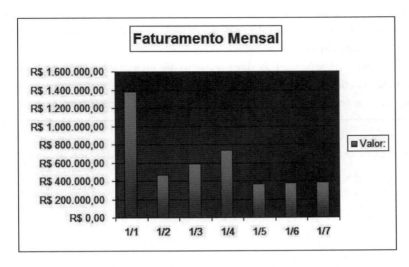

Figura 161 – Gráfico do faturamento mensal a partir de janeiro.

Para criar este gráfico, prepare uma tabela de dados na planilha "Gráficos", como parcialmente mostrada na Figura 162. Lembre-se que as células A1 e B1 serão usadas para armazenar a data e a hora de execução do relatório, conforme mostrado na Seção 3.3. Suponha, neste exemplo, que as vendas estejam somente no período de janeiro a dezembro.

| | A | B | C | D | E | F | G | H | I |
|---|---|---|---|---|---|---|---|---|---|
| 1 | Gráfico gerado em: | 8/11/2008 20:31 | | | | | | | |
| 2 | | | | | | | | | |
| 3 | Data: | 1/1/2009 | 1/2/2009 | 1/3/2009 | 1/4/2009 | 1/5/2009 | 1/6/2009 | 1/7/2009 | 1/8/2009 |
| 4 | Valor: | | | | | | | | |

Figura 162 – Tabela, na planilha "Gráficos", para receber dados de faturamento.

É necessário, agora, criar uma macro que percorra todas as vendas registradas na planilha "Relatório de Vendas" e adicione o valor de cada mês na planilha "Gráficos".

Observe a planilha "Relatório de Vendas". A primeira venda começa na linha 2 e termina na primeira linha vazia (fim do registro de compras). O objetivo é criar uma macro que percorra essa lista e, para cada linha, seja capaz de adquirir o mês, o ano e o valor da compra e inserir no campo certo da planilha "Gráficos", descrita anteriormente. Essa macro deve ser criada dentro de um módulo, uma vez que acessará diversas planilhas.

Esta macro deve começar no primeiro registro de venda, que está na linha 2, e extrair o mês, ano e valor da compra. Em seguida, deve acessar a célula B3, da planilha "Gráficos", que é onde começa a tabela consolidada das vendas. O próximo passo é percorrer esta tabela e verificar se o ano e mês extraídos da planilha "Relatório de Vendas" são iguais aos valores da tabela. A tabela, no caso deste exemplo com 12 meses, será percorrido, no máximo, até a coluna M (número 13). Ao achar valores de ano e mês iguais deve-se somar o valor de venda extraído com o valor atualmente armazenado na tabela.

O procedimento descrito acima deve ser feito até encontrar a primeira linha vazia na planilha "Relatório de Vendas".

A macro abaixo preenche a tabela da planilha "Gráficos", como descrito anteriormente.

```
Sub valorpormes()

    Sheets("Relatório de Vendas").Select ' seleciona a aba

    Range("B2").Select ' primeira data
    x = 2 ' contador começa na linha 2

    Cells(x, 2).Select ' seleciona a célula da vez

    Do Until ActiveCell = "" 'percorre até o fim do relatório
        Cells(x, 2).Select ' seleciona a célula da vez

        ano = Year(Cells(x, 2)) 'separa ano da data
        mes = Month(Cells(x, 2)) ' separa mes da data
        valor = Cells(x, 14) ' pega valor na coluna N

        Sheets("Gráficos").Select ' entra na aba de Gráficos
        y = 2 'inicia contador que vai percorrer os meses
        Range("B3").Select

        Do Until y = 13 'coluna M onde termina o ano
            If ano = Year(Cells(3, y)) And mes = Month(Cells(3, _
            y)) Then 'está no mesmo mês
                Cells(4, y) = Cells(4, y) + valor
                ' soma com o valor existente
            End If
            y = y + 1 ' incrementa contador da aba Gráficos
        Loop

        Sheets("Relatório de Vendas").Select 'volta a aba de Relatório
        x = x + 1 ' incrementa contador da aba de Relatório
        Cells(x, 2).Select ' seleciona a célula da vez
    Loop
End Sub
```

Macro 118 – Macro que consolida os dados na tabela da planilha "Gráficos".

Uma vez preenchida a tabela com os valores das vendas realizadas em cada mês, é possível gerar o respectivo gráfico de barras. A partir de uma macro gravada, chega-se ao código da Macro 119.

```
Sub grafico1()

    Charts.Add
    ActiveChart.ChartType = xlColumnClustered
    ActiveChart.SetSourceData Source:=Sheets("Gráficos").Range("J13")
    ActiveChart.SeriesCollection.NewSeries
    ActiveChart.SeriesCollection(1).XValues = "=Gráficos!R3C1:R3C13"
    ActiveChart.SeriesCollection(1).Values = "=Gráficos!R4C2:R4C13"
    ActiveChart.SeriesCollection(1).Name = "=Gráficos!R4C1"
    ActiveChart.Location Where:=xlLocationAsObject, Name:="Gráficos"
    With ActiveChart
        .HasTitle = True
        .ChartTitle.Characters.Text = "Faturamento Mensal"
        .Axes(xlCategory, xlPrimary).HasTitle = False
        .Axes(xlValue, xlPrimary).HasTitle = False
    End With
End Sub
```

Macro 119 – Macro gravada que gera um gráfico de barras com as vendas consolidadas por mês.

Note que a série de dados da macro gravada é R3C1:R3C13 e R4C2:R4C13. C13 indica para gerar o gráfico até a coluna 13, referente ao mês de dezembro. Caso ainda não haja informação sobre todos os meses do ano, não há necessidade de fazer um gráfico que vá até o mês de dezembro.

A macro gravada anteriormente foi modificada para garantir que só sejam tomados dados até o último mês com faturamento lançado. Isso é alcançado com a inclusão do código referente à tecla especial Ctrl + →. Foi acrescentada à macro, também, a chamada à macro *valorpormes*, anteriormente criada, que preenche a tabela com as vendas consolidadas. Foi incluído, também, um código para remoção de eventuais gráficos que possam estar na planilha "Gráficos". Finalmente, foi inserido o código para escrever a data e a hora da última vez que a macro foi executada. O código da Macro 120 contempla todas essas modificações.

```
Sub graficofaturamento()

    'apaga os valores anteriormente calculados
        'código extraído de uma macro gravada
    Sheets("Gráficos").Activate ' ativa aba
    Range("B4:M4").Select ' Seleciona área de dados
    Selection.ClearContents ' apaga conteúdo

    valorpormes ' chama a macro valorpormes para organizar os dados

    'remove graficos antigos:
    Sheets("Gráficos").Select
        Do Until ActiveSheet.ChartObjects.Count = 0
            ActiveSheet.ChartObjects(1).Delete
        Loop
```

(continua)

```
        'descobrir ultima coluna
        Range("N4").Select
        Selection.End(xlToLeft).Select ' anda até a última coluna com valor
        coluna = ActiveCell.Column

        'grafico
        Charts.Add
        ActiveChart.ChartType = xlColumnClustered
        ActiveChart.SetSourceData Source:=Sheets("Gráficos").Range("J13")
        ActiveChart.SeriesCollection.NewSeries
        ActiveChart.SeriesCollection(1).XValues = "=Gráficos!R3C2:R3C" _
        & coluna
        ActiveChart.SeriesCollection(1).Values = "=Gráficos!R4C2:R4C" _
        & coluna
        ActiveChart.SeriesCollection(1).Name = "=Gráficos!R4C1"
        ActiveChart.Location Where:=xlLocationAsObject, Name:="Gráficos"
        With ActiveChart
            .HasTitle = True
            .ChartTitle.Characters.Text = "Faturamento Mensal"
            .Axes(xlCategory, xlPrimary).HasTitle = False
            .Axes(xlValue, xlPrimary).HasTitle = False
        End With

        'insere data e hora da execução da macro na célula B1
        Range("B1").Select
        ActiveCell.FormulaR1C1 = "=NOW()"
        Range("B1").Select
        Selection.Copy
        Selection.PasteSpecial Paste:=xlPasteValues, Operation:=xlNone, _
        SkipBlanks:=False, Transpose:=False
ajustagrafico
End Sub
```

Macro 120 – Macro que gera um gráfico de consolidação de vendas, que identifica o último mês com informação.

Execute a Macro 120 com F8 e verifique seu funcionamento e como ficou o gráfico final. Para gerar um gráfico com a aparência da Figura 160, grave uma macro e edite as propriedades do gráfico para refletir essas mudanças. Com a gravação iniciada, clique com o botão direito na área do gráfico e escolha Formatar área de plotagem. Será possível escolher as cores e os efeitos de preenchimento.

O código gerado fica grande e complicado. Para entender seu funcionamento, execute-o com F8. O código gerado é similar ao da Macro 121.

```
Sub ajustagrafico()

    ActiveSheet.ChartObjects(1).Activate ' seleciona o gráfico 1 da aba
    ActiveChart.PlotArea.Select
    With Selection.Border
        .ColorIndex = 55
        .Weight = xlThin
        .LineStyle = xlContinuous
    End With
    With Selection.Interior
        .ColorIndex = 55
        .PatternColorIndex = 1
        .Pattern = xlSolid
    End With
    With Selection.Border
        .ColorIndex = 55
        .Weight = xlThin
        .LineStyle = xlContinuous
    End With
    Selection.Fill.OneColorGradient Style:=msoGradientDiagonalDown, _
    Variant:=1 , Degree:=0.231372549019608
    With Selection
        .Fill.Visible = True
        .Fill.ForeColor.SchemeColor = 55
    End With
    With Selection.Border
        .ColorIndex = 55
        .Weight = xlThin
        .LineStyle = xlContinuous
    End With
    Selection.Fill.OneColorGradient Style:=msoGradientFromCorner, _
    Variant:=3, Degree:=0.231372549019608
    With Selection
        .Fill.Visible = True
        .Fill.ForeColor.SchemeColor = 5
    End With
    ActiveChart.SeriesCollection(1).Select
    With Selection.Border
        .Weight = xlThin
        .LineStyle = xlAutomatic
    End With
    Selection.Shadow = False
    Selection.InvertIfNegative = False
    Selection.Fill.OneColorGradient Style:=msoGradientHorizontal, _
    Variant:=1, Degree:=0.231372549019608
    With Selection
        .Fill.Visible = True
        .Fill.ForeColor.SchemeColor = 46
    End With
```

(continua)

```
        ActiveChart.ChartTitle.Select
        With Selection.Border
            .ColorIndex = 11
            .Weight = xlHairline
            .LineStyle = xlContinuous
        End With
        Selection.Shadow = False
        Selection.Interior.ColorIndex = xlNone
        Selection.AutoScaleFont = True
        With Selection.Font
            .Name = "Arial"
            .FontStyle = "Negrito"
            .Size = 14
            .Strikethrough = False
            .Superscript = False
            .Subscript = False
            .OutlineFont = False
            .Shadow = False
            .Underline = xlUnderlineStyleNone
            .ColorIndex = xlAutomatic
            .Background = xlAutomatic
        End With
        ActiveChart.ChartArea.Select
End Sub

Sub
```

Macro 121 – Macro que modifica as propriedades da área de plotagem de um gráfico.

Adicione uma chamada a esta macro no final da macro *graficofaturamento*, a fim de executá-la quando terminar de criar o gráfico. Caso a macro *ajustagrafico* não esteja no mesmo módulo da macro *graficofaturamento,* copie a macro para o mesmo módulo, de forma a organizar seus arquivos.

Para exemplos mais avançados de criação de gráficos, visite a página do livro no site *www.elsevier.com.br.*

# Capítulo 17

# Impressão

Impressão de documentos é uma tarefa que, na maioria das vezes, é executada através do Excel, não necessitando de macros. Entretanto, pode haver a necessidade de formatações especiais, definição de regiões específicas, escolha de diversas planilhas, onde o desenvolvimento de macros pode ser útil. Este capítulo apresentará os principais métodos e propriedades relacionados à impressão e como a impressão do Relatório de Vendas é feita no sistema proposto.

## 17.1. Principais métodos e propriedades usados na impressão

- Método *PrintOut*

Trata-se do principal método relacionado à impressão. Este método é responsável por enviar um documento, ou parte dele, a uma impressora.

Quando associado a uma workbook – por exemplo, *ActiveWorkbook.PrintOut* –, todas as planilhas do arquivo correspondente são impressas. Quando associado a uma worksheet – por exemplo, *ActiveSheet.PrintOut* –, somente a planilha correspondente é impressa.

O método *PrintOut* possui os seguintes parâmetros:

PrintOut (From, To, Copies, Preview, ActivePrinter, PrinttoFile, Collate, PrToFileName)

    From – página inicial;

    To – página final;

    Copies – quantas cópias;

    Preview – "True" para visualizar a impressão;

    ActivePrinter – nome da impressora. "True" indica impressora *default*;

    PrinttoFile – "True" para imprimir criando um arquivo;

    Collate – "True" para agrupar cópias; e

    PrtoFileName – nome do arquivo a ser criado se PrintToFile for "True".

A Macro 122 apresenta um exemplo de sua utilização.

```
Sub impressao()
    ActiveSheet.PrintOut 1, 10, 2, True, True
End Sub
```

Macro 122 – Macro que imprime a planilha ativa.

Este exemplo imprime a planilha ativa, da página 1 até a página 10. São feitas 2 cópias agrupadas com a visualização de impressão acionada na impressora padrão.

- **Método *PrintPreview***

Método que indica que se deseja apenas visualizar a impressão. A *instrução Sheets("Plan1"). PrintPreview* mostra como seria a impressão da planilha "Plan1".

- **Propriedade View**

Esta propriedade define como deve ser apresentada a visualização da impressão. O valor xlPageBreakPreview indica para visualizar as quebras de página, e o valor xlNormalView indica para não mostrar as quebras de página na visualização da impressão.

- **Propriedade Orientation**

Esta propriedade define a orientação da página na impressão. Os valores possíveis são xlPortrait e xlLandscape, para retrato ou paisagem, respectivamente.

- **Propriedades das Margens**

É possível configurar as margens para impressão com as propriedades LeftMargin, RightMargin, BottomMargin, TopMargin, HeaderMargin e FooterMargin, relativas à margem esquerda, direita, de baixo, de cima, do cabeçalho e do rodapé, respectivamente. Um exemplo de seu uso é:
    ActiveSheet.PageSetup.TopMargin = Application.InchesToPoints(0.5)
Estas propriedades recebem valores em pontos e, no exemplo, a margem de cima foi definida como sendo meia polegada. A função *InchesToPoints* converte o parâmetro fornecido em polegadas para pontos.

- **Propriedade PageSetup.BlackAndWhite**

Esta propriedade, quando possui o valor "True", indica que a impressão será em preto e branco.

- **Propriedades PageSetup.CenterHorizontally e PageSetup.CenterVertically**

Estas propriedades, quando possuem o valor "True", indicam para centralizar a impressão na horizontal e na vertical, respectivamente.

- **Impressão em uma Única Página**

Para imprimir todo o arquivo em uma única página, use o código da macro a seguir.

```
Sub umapagina()

    Sheets("Plan1").PageSetup.Zoom = False
    Sheets("Plan1").PageSetup.FitToPagesWide = 1
    Sheets("Plan1").PageSetup.FitToPagesTall = 1

    ActiveSheet.PrintOut

End Sub
```

Macro 123 – Macro para impressão em uma única página.

Os métodos FitToPagesWide (largura) e FitToPagesTall (altura) são usados para que o documento fique configurado para uma página somente. Porém, também é necessário definir a propriedade PageSetup.Zoom para "False" antes de fazer tais operações.

## 17.2. Impressão do Relatório de Vendas

No final do cadastro de uma venda, antes de limpar os campos do Formulário, o sistema pergunta se o usuário deseja ou não imprimir um resumo da venda. Deve ser criada uma macro chamada *impressao*, que pode ficar junto com as macros de Userform ou dentro de um módulo.

Esta macro é responsável por escrever as informações da venda na planilha "Resumo" e, em seguida, enviar essas informações à impressora. A macro deve acessar todas as linhas da ListBox Resumo e colocar essas informações na planilha "Resumo". No final, deve escrever o valor total da venda (Macro 124). São editadas diversas propriedades de impressão, como tipo de página, centralização e impressão em preto e branco. Como a planilha já tem sua área de impressão limitada em A1:B17, só é preciso usar a instrução de impressão ActiveSheet.PrintOut.

Após o comando de impressão, é importante limpar toda a planilha "Resumo" para prepará-la para a próxima venda.

```
Sub impressao()

    Sheets("Resumo").Select

    Cells(3, 2) = Date 'data da compra
    Cells(4, 1) = LbResumo.List(0) 'item 0 da lista
    Cells(5, 1) = LbResumo.List(1) 'item 1 da lista
    Cells(6, 1) = LbResumo.List(2) 'item 2 da lista
    Cells(7, 1) = LbResumo.List(3) 'item 3 da lista
    Cells(8, 1) = LbResumo.List(4) 'item 4 da lista
    Cells(9, 1) = LbResumo.List(5) 'item 5 da lista
    Cells(10, 1) = LbResumo.List(6) 'item 6 da lista
    Cells(11, 1) = LbResumo.List(7) 'item 7 da lista
    Cells(12, 1) = LbResumo.List(8) 'item 8 da lista
    Cells(13, 1) = LbResumo.List(9) 'item 9 da lista
    Cells(14, 1) = "Valor total da compra =" & TbValorTotal
    ' valor da compra
```

(continua)

```
ActiveSheet.PageSetup.Orientation = xlPortrait ' tipo retrato
ActiveSheet.PageSetup.CenterHorizontally = True
' centralização horizontal
ActiveSheet.PageSetup.CenterVertically = True
'centralização vertical
ActiveSheet.PageSetup.BlackAndWhite = True ' preto e branco

'ActiveSheet.PrintOut

Cells(3, 2) = ""
Cells(4, 1) = ""
Cells(5, 1) = ""
Cells(6, 1) = ""
Cells(7, 1) = ""
Cells(8, 1) = ""
Cells(9, 1) = ""
Cells(10, 1) = ""
Cells(11, 1) = ""
Cells(12, 1) = ""
Cells(13, 1) = ""
Cells(14, 1) = ""
```

Macro 124 – Macro para impressão do resumo da venda.

A instrução *ActiveSheet.PrintOut* está comentada para não executar a impressão durante a fase de implementação do sistema. Lembre-se de descomentar esta instrução quando o sistema estiver concluído.

O próximo passo é incluir, na macro *BtOk_Click* do Userform (Macro 125), uma chamada à macro *impressao*. Esta chamada deve ser feita após o cadastro e antes de limpar o Userform "Relatório", conforme trecho de código na Macro 125.

```
'financiamento
If TbFinanciamento = True Then 'compra financiada
    Cells(linha, 15) = "Sim"
    If Ob12x = True Then
        Cells(linha, 16) = "12x" 'parcelada em 12x
    ElseIf Ob24x = True Then
        Cells(linha, 16) = "24x" 'parcelada em 24x
    ElseIf Ob36x = True Then
        Cells(linha, 16) = "36x" 'parcelada em 36x
    End If
Else 'compra a vista
    Cells(linha, 15) = "Não" ' compra à vista
    Cells(linha, 16) = "NA" 'não aplicável
End If

'valor da venda
valor = Mid(TbValor, 3) ' valor da venda
valor = CCur(valor)
Cells(linha, 14) = valor

'IMPRESSÃO?
impre = MsgBox("Gostaria de imprimir um resumo da compra", _
    vbQuestion + vbYesNo, "Impressão do Resumo")
If impre = vbYes Then 'usuário quer imprimir
    impressao ' chama a macro que cuida da impressao
End If
```

Macro 125 – Trecho de código que inclui uma chamada à macro *impressao*.

Observe a chamada à *impressao* que foi inserida no código, que só é executada caso o usuário pressione o botão "Sim", na MsgBox relativa à impressão.

```
'LIMPANDO O USERFORM PARA O PRÓXIMO CADASTRO

LbCarro = ""
CoModelo.Value = ""
LbCor = ""
TbNome = ""
TbTelefone = ""
CbPromocoes = False
ObAutomatico = False
ObManual = False
CbCouro = False
CbDVD = False
CbGPS = False
TbFinanciamento = False
Ob12x = False
Ob24x = False
op36x = False
TbDesconto = ""
TbValor = ""
TbValorTotal = ""
LbResumo.Clear
```

Macro 126 – Trecho de código, na macro *BtOk_Click*, que limpa o Formulário "Relatorio".

O resultado de uma venda hipotética é mostrado na Figura 163, como apareceria na planilha "Resumo". Durante o desenvolvimento do sistema, pode ser útil adicionar um *BreakPoint* na macro impressão antes de começar a limpar os dados, para os dados que serão impressos.

|   | A | B |
|---|---|---|
| 1 | RESUMO DA VENDA | |
| 2 | | |
| 3 | Data da Venda: | 16/11/2008 |
| 4 | Nome: João Silva | |
| 5 | Telefone: 99 9999 9999 | |
| 6 | Carro selecionado: Sedan | |
| 7 | Modelo selecionado: Hiper Luxo | |
| 8 | Cor selecionada: Chumbo | |
| 9 | Câmbio Automático | |
| 10 | Banco normais | |
| 11 | GPS incluído | |
| 12 | Som normal | |
| 13 | Financiamento em: | |
| 14 | Valor total da compra =57950 | |
| 15 | | |
| 16 | | |

Figura 163 – Planilha "Resumo" mostrando o resumo de uma venda.

# Capítulo 18

# Tratamento de Erros

Tratamento de erro refere-se à prática de se prevenir contra possíveis erros e garantir uma solução caso venham a acontecer. Na Seção 3.4, foram apresentados os possíveis tipos de erro. Neste capítulo, serão discutidos mecanismos disponíveis no VBA para evitar que erros de execução possam causar danos à aplicação.

## 18.1. A Instrução On Error

Tratamento de erro em VBA é feito basicamente pela instrução *On Error*. Esta instrução instrui o VBA como proceder caso ocorra um erro. A instrução *On Error* aparece em três formas:
- On Error Goto 0;
- On Error Resume Next; e
- On Error GoTo <label>:

### 18.1.1. On Error Goto 0

É o modo *default* do VBA. Indica que, quando um erro de execução ocorrer, a caixa de mensagem de erro padrão do VBA irá aparecer (Figura 164), permitindo entrar no modo de depuração ou terminar a aplicação.

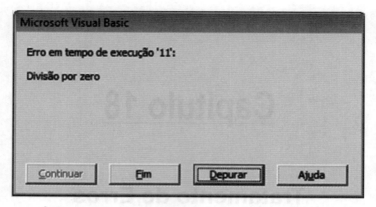

Figura 164 – Janela *default* de mensagem de erro.

## 18.1.2. On Error Resume Next

É a forma de tratamento de erro mais usada e, muitas vezes, usada de forma inadequada. Essencialmente, instrui o VBA a ignorar o erro. *On Error Resume Next* não corrige o erro, simplesmente continua o programa na linha de código após o erro, como se não houvesse ocorrido um erro. Muitas vezes, no entanto, um erro pode provocar efeitos colaterais indesejados, como variáveis não inicializadas, objetos não alocados apropriadamente etc. É responsabilidade do programador testar a existência de um possível erro e realizar uma ação corretiva.

Deve ser testado o valor de *Err.Number*. Se for diferente de zero, isso significa que ocorreu um erro e deve ser executado um código corretivo apropriado. O trecho de código da Macro 127 mostra um exemplo simples de correção de erro.

```
Sub macro127()
    On Error Resume Next
    n = 1 / 0 'occorre erro
    If erro.Number <> 0 Then
        n = 1
    End If
End Sub
```

Macro 127 – Exemplo do uso de *On Error Resume Next* com correção de erro.

## 18.1.3. On Error GoTo <Label>

Indica que, quando um erro ocorrer, a aplicação deve continuar na linha indicada por *Label*, onde *Label* é uma string qualquer escolhida pelo programador. A Macro 128 apresenta um trecho de código com sua utilização.

```
Sub macro128()
    On Error GoTo TratarErro
    n = 1 / 0 'occorre erro

TratarErro:
    n = 1 'trata erro
End Sub
```

Macro 128 – Exemplo do uso de *On Error GoTo* <Label>.

Na instrução n = 1 / 0 ocorreria um erro e, ao utilizar a instrução *On Error GoTo Tratar Erro:*, o VBA indica para executar as instruções a partir da linha que contém a string "TratarErro".

## 18.2. A Instrução Resume

A instrução *Resume* é associada ao uso de uma instrução *OnError*. Suas possíveis formas de utilização são:
- Resume
- Resume Next
- Resume <Label>

### 18.2.1. Resume

Faz com que o programa vá para a linha de código que causou o erro. Neste caso, é necessário que o erro seja corrigido, caso contrário o programa entra em um loop infinito. A Macro 129 apresenta um trecho de código com sua utilização.

```
Sub macro129()
    On Error GoTo Erro:
    Worksheets("NovaAba").Activate
    Exit Sub
Erro:
    'planilha não existe
    Worksheets.Add.Name = "NovaAba"
    Resume ' retorna a linha que gerou o erro
End Sub
```

Macro 129 – Exemplo da instrução *Resume*.

No caso de não existir a planilha de nome "NewSheet", ocorreria um erro no momento da instrução *Worksheets(NewSheet).Activate*. Para evitar esse erro, o VBA é direcionado para a linha *Erro:*, através da instrução *On Error GoTo Erro:*. A planilha é então criada e a instrução Resume direciona o VBA para a instrução que iria provocar o erro – no caso, *Worksheets(NewSheet). Activate*. Note que há uma instrução *Exit Sub* para evitar que a parte do código referente ao tratamento do Erro seja executada novamente.

## 18.2.2. Resume Next

Esta instrução já foi apresentada na Seção 18.1.2 e simplesmente indica ao VBA para executar a instrução imediatamente após a instrução que provocaria o erro.

## 18.2.3. Resume <Label>

Esta instrução faz com que o programa desvie para um ponto especificado pela palavra <label>. Permite que um trecho do código não seja executado. A Macro 130 apresenta um trecho de código com sua utilização.

```
Sub macro130()
    On Error GoTo TratarErro:
    n = 1 / 0
Label1:
    MsgBox n
    Exit Sub
TratarErro:
    n = 1
    Resume Label1
End Sub
```

Macro 130 – Exemplo da instrução *Resume* <Label>.

A instrução *n = 1 / 0* provocaria um erro, mas, através da instrução *On Error GoTo ErrHandler:*, o programa é desviado para a instrução imediatamente após *ErrHandler:*, que é um *Label* de desvio criado pelo programador. Algumas instruções são executadas e, ao atingir a instrução *Resume Label1:*, o programa é novamente desviado para a instrução imediatamente após *Label1:*. Note que o código entre a instrução *n = 1 / 0* e *Label1:* nunca será executado.

# Capítulo 19

## Facilidades de Depuração

No Capítulo 1 foi apresentada a tecla F8, que executa uma macro instrução por instrução, facilitando o processo chamado de depuração (*debugging*, em inglês), isto é, a análise criteriosa do código desenvolvido à procura de eventuais erros. A seguir serão apresentadas as demais funcionalidades de depuração, que são apresentadas na Figura 165, obtidas no menu depurar do VBE.

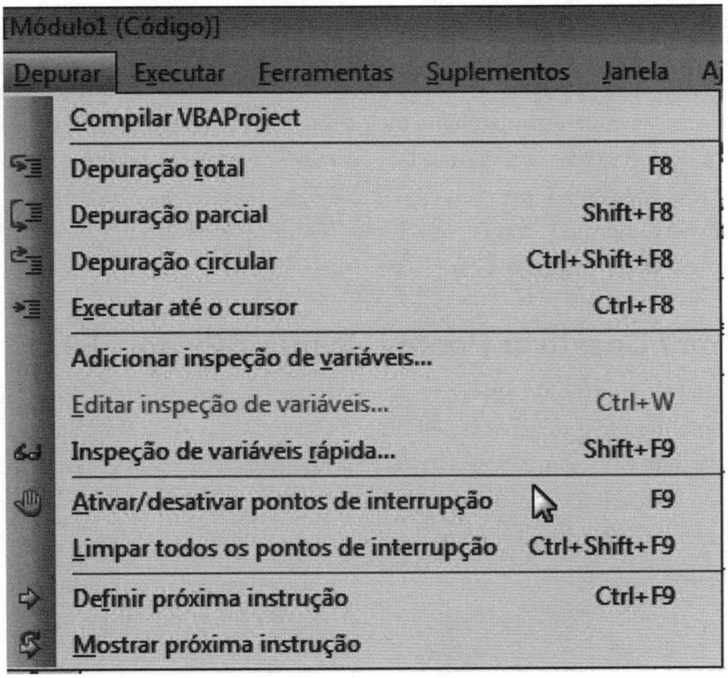

Figura 165 – Facilidades de depuração do VBE.

A seguir é apresentada uma breve descrição das principais facilidades de depuração disponíveis:

### 19.1. Depuração Total – F8

Executa instrução por instrução, inclusive se encontrar uma chamada a uma sub-rotina.

### 19.2. Depuração Parcial – Shift + F8

Executa instrução por instrução, mas, caso encontre uma chamada a uma sub-rotina, executa o código chamado de uma só vez. Esta facilidade é recomendável quando o código da sub-rotina sendo chamada já foi devidamente testado.

### 19.3. Depuração Circular – Ctrl + Shift + F8

Executa até o final da sub-rotina corrente. Caso haja uma única sub-rotina, executa todas as instruções restantes de uma só vez. Caso a sub-rotina corrente tenha sido chamada por outra, executa as instruções restantes de uma só vez e retorna à sub-rotina que a chamou.

### 19.4. Executar até o Cursor – Ctrl + F8

Executa todas as instruções até a posição onde estiver o cursor. Esta facilidade é bastante útil quando se tem certeza que parte do código já foi exaustivamente testada.

### 19.5. Adicionar inspeção de váriáveis – Watch

Permite que sejam inseridas em uma janela apropriada nomes de variáveis ou expressões para que possa ser feito um acompanhamento de seus valores ao longo da execução do código. Facilidade importante para se ter certeza que os valores correntes dessas variáveis ou expressões estejam de acordo com o previsto. Um mecanismo auxiliar ao *Watch* para acompanhar o valor de variáveis é o próprio mouse. Ao passar o mouse por sobre uma variável no código, seu valor é apresentado próximo a ela.

### 19.6. Ativar / Desativar Pontos de interrupção – F9

Permite inserir pontos de interrupção ao longo do programa. Com isso o usuário pode executar uma série de instruções de uma só vez, dar uma parada na execução do programa e avaliar valores intermediários das variáveis. Para ativar pontos de interrupção, clique do lado esquerdo do código no ponto onde deseja uma interrupção. Irá, então, aparecer um círculo na região clicada e a instrução ficará iluminada de marrom, conforme a Figura 166.

Figura 166 – Inserção de pontos de interrupção.

Para desativar um ponto de interrupção, basta clicar no círculo.

## 19.7. Limpar todos os pontos de interrupção – Ctrl+Shift+F9

Caso haja muitos pontos de interrupção e se deseje desativar todos eles, é mais prático utilizar a tecla de atalho Ctrl+Shift+F9 do que desativar cada um dos pontos individualmente.

## 19.8. Definir próxima instrução – Ctrl + F9

É possível executar determinada instrução do código a qualquer momento. Para isso, basta arrastar a seta amarela indicativa da instrução corrente para a instrução desejada. Ao clicar F8 novamente, a instrução selecionada será a próxima a ser executada. É importante salientar que nenhuma outra instrução será executada entre a antiga instrução corrente e a atualmente selecionada. Portanto, use este recurso criteriosamente, pois o fluxo de execução da macro estará sendo alterado.

# Capítulo 20

## Posfácio

Os autores consideram que outros tópicos interessantes também poderiam ter sido abordados no presente trabalho, tais como Tabela Dinâmica, Procv, um maior aprofundamento em Gráficos etc. Contudo, igualmente julgam que eles se identificam mais com uma obra específica sobre Excel, daí a razão pela qual não foram aqui incluídos.

O objetivo primordial deste livro foi a consecução de um Sistema de Controle de Vendas de determinada concessionária de automóveis, e procuramos fazê-lo mesclando a apresentação de aspectos teóricos com detalhes de códigos referentes aos tópicos em tela.

Anima-nos a convicção de termos alcançado esse objetivo pelo foco em um problema real, similar aos normalmente enfrentados pelos que trabalham em diversos ramos dos negócios.

Lembre-se sempre de:
1) Usar gravação de macros para ajudá-lo em seus projetos;
2) Dividir o monitor entre o Excel e o VBE;
3) Executar as macros com F8 (passo a passo); e
4) Depurar o código gerado.

# Capítulo 20

## Posfácio

**Cartão Resposta**
05012004 8-7/2003-DR/RJ
**Elsevier Editora Ltda**
CORREIOS

**SAC** | 0800 026 53 40
ELSEVIER | sac@elsevier.com.br

**CARTÃO RESPOSTA**
Não é necessário selar

O SELO SERÁ PAGO POR
**Elsevier Editora Ltda**

20299-999 - Rio de Janeiro - RJ

---

**Acreditamos que sua resposta nos ajuda a aperfeiçoar continuamente nosso trabalho para atendê-lo(la) melhor e aos outros leitores.**
**Por favor, preencha o formulário abaixo e envie pelos correios ou acesse www.elsevier.com.br/cartaoresposta. Agradecemos sua colaboração.**

Seu nome: _____

Sexo: ☐ Feminino ☐ Masculino  CPF: _____

Endereço: _____

E-mail: _____

Curso ou Profissão: _____

Ano/Período em que estuda: _____

Livro adquirido e autor: _____

**Como conheceu o livro?**
☐ Mala direta
☐ Recomendação de amigo
☐ Recomendação de professor
☐ Site (qual?) _____
☐ Evento (qual?) _____
☐ E-mail da Campus/Elsevier
☐ Anúncio (onde?) _____
☐ Resenha em jornal, revista ou blog
☐ Outros (quais?) _____

**Onde costuma comprar livros?**
☐ Internet. Quais sites? _____
☐ Livrarias ☐ Feiras e eventos ☐ Mala direta

☐ Quero receber informações e ofertas especiais sobre livros da Campus/Elsevier e Parceiros.

**Siga-nos no twitter @CampusElsevier**

## Qual(is) o(s) conteúdo(s) de seu interesse?

**Concursos**
- [ ] Administração Pública e Orçamento
- [ ] Arquivologia
- [ ] Atualidades
- [ ] Ciências Exatas
- [ ] Contabilidade
- [ ] Direito e Legislação
- [ ] Economia
- [ ] Educação Física
- [ ] Engenharia
- [ ] Física
- [ ] Gestão de Pessoas
- [ ] Informática
- [ ] Língua Portuguesa
- [ ] Línguas Estrangeiras
- [ ] Saúde
- [ ] Sistema Financeiro e Bancário
- [ ] Técnicas de Estudo e Motivação
- [ ] Todas as Áreas
- [ ] Outros (quais?)

**Educação & Referência**
- [ ] Comportamento
- [ ] Desenvolvimento Sustentável
- [ ] Dicionários e Enciclopédias
- [ ] Divulgação Científica
- [ ] Educação Familiar
- [ ] Finanças Pessoais
- [ ] Idiomas
- [ ] Interesse Geral
- [ ] Motivação
- [ ] Qualidade de Vida
- [ ] Sociedade e Política

**Jurídicos**
- [ ] Direito e Processo do Trabalho/Previdenciário
- [ ] Direito Processual Civil
- [ ] Direito e Processo Penal
- [ ] Direito Administrativo
- [ ] Direito Constitucional
- [ ] Direito Civil
- [ ] Direito Empresarial
- [ ] Direito Econômico e Concorrencial
- [ ] Direito do Consumidor
- [ ] Linguagem Jurídica/Argumentação/Monografia
- [ ] Direito Ambiental
- [ ] Filosofia e Teoria do Direito/Ética
- [ ] Direito Internacional
- [ ] História e Introdução ao Direito
- [ ] Sociologia Jurídica
- [ ] Todas as Áreas

**Media Technology**
- [ ] Animação e Computação Gráfica
- [ ] Áudio
- [ ] Filme e Vídeo
- [ ] Fotografia
- [ ] Jogos
- [ ] Multimídia e Web

**Negócios**
- [ ] Administração/Gestão Empresarial
- [ ] Biografias
- [ ] Carreira e Liderança Empresariais
- [ ] E-business
- [ ] Estratégia
- [ ] Light Business
- [ ] Marketing/Vendas
- [ ] RH/Gestão de Pessoas
- [ ] Tecnologia

**Universitários**
- [ ] Administração
- [ ] Ciências Políticas
- [ ] Computação
- [ ] Comunicação
- [ ] Economia
- [ ] Engenharia
- [ ] Estatística
- [ ] Finanças
- [ ] Física
- [ ] História
- [ ] Psicologia
- [ ] Relações Internacionais
- [ ] Turismo

**Áreas da Saúde**
- [ ]

**Outras áreas (quais?):** _____

**Tem algum comentário sobre este livro que deseja compartilhar conosco?**
_____

Atenção:
- As informações que você está fornecendo serão usadas apenas pela Campus/Elsevier e não serão vendidas, alugadas ou distribuídas por terceiros sem permissão preliminar.

Pré-impressão, impressão e acabamento

grafica@editorasantuario.com.br
www.editorasantuario.com.br
Aparecida-SP